自分たちで決めて、
勝手に動き出す

自走するチームの作り方

伊藤 じんせい

つた書房

はじめに

経営者の悩みの9割は社員に関することだと言われていますが、その9割のほとんどが「社員や部下が思うように仕事をしてくれない」というものです。本書を手にとってくださったあなたも、おそらく社員や部下の扱いに悩んでいるのではないでしょうか。

何をやってもうまくいかない組織の状態に辟易し、「自分がもう1人いれば……」と思いながら、孤軍奮闘状態で仕事をしている人も少なくありません。

もし今、あなたがこのように感じながら仕事をしているのであれば、おそらく本書は改善のきっかけになるはずです。

人は、自分の思い通り動かせるものではありませんから、厳しくしたところでうまくいくわけではありません。むしろあまりに厳しいことばかりを要求すれば、たちまち「ブラック会社」と思われ、離職されてしまうかもしれません。社員の離職を恐れ、強く言えずにストレスを抱えている経営者は決して少なくありませんが、だからといって我慢するだけでは何も状況が改善されません。

一方で、社員や部下がよく働き、経営者を支えようとしている会社もあります。

そのような会社では、経営者は自分の仕事に集中し、社員や部下が自ら考え行動し、会社の発展のためにチームで協力しながら仕事を進めています。

このように、自ら率先して仕事をする社員ばかりの会社と、言われたことしかしない社員ばかりの会社ではいったい何が違うのでしょうか。

答えは、組織づくりの方法です。

自ら率先して仕事をする社員ばかりの会社では、社員がそうしたくなるような仕掛けや仕組みがあります。先ほど、人を自分の思い通りに動かすことはできないと言いましたが、人を思い通りに動かすのではなく、相手が自ら望むように仕掛けていくという考え方をしているのです。

では、具体的に何をしていけばいいのでしょうか。

どうすれば、人を動かすことができるのでしょうか。

本書には、自ら考え動くチームにしていくためのノウハウを余すことなく詰め込みました。ノウハウのもとになっているのは、世界的な経営コンサルタントであるジェームス・スキナーが行ったセミナーの運営をサポートするスタッフたちが行ったチーム作りです。

ジェームス・スキナーのセミナーを支えるスタッフチームたちは、ジェームスや参加者たちから「最高のチーム」と呼ばれ、単に運営を支える存在という枠を超え、参加者たちに変化や変容を促してきました。

ジェームス・スキナーとは、一世一代いるかどうかの伝説的存在と言われるアメリカの経営コンサルタントです。ジェームスは、神秘家、３５０万部突破のナンバーワン・ベストセラー作家、世界的経営コンサルタント、人の人生を変える鬼才、政治経済評論家、ビリオネア塾®の創設者など多数の肩書きを持ち、『史上最強のＣＥＯ』、『７つの習慣』の和訳、松下幸之助『道をひらく』の続編にあたる『心をひらく』の執筆を初め、『成功の９ステップ』『１００％』『お金の科学』など、多くの名著を生み出すベストセラー作家として活躍しています。

さらに、TDL、ザ・リッツ・カールトン、トヨタ自動車、米海軍・陸軍・海兵隊、外務省、JR等、数百もの大企業や政府団体の経営・リーダーシップ指導の実績を持ち、経営者育成塾やビリオネア塾®の創設者として、中小中堅経営者の間では神的な人気を誇る経営コンサルタントでもあります。

そのジェームス・スキナーから直接チームビルディングのノウハウを教わり、体系化したものが、本書でお伝えする内容です。

日本で唯一、ジェームス・スキナーから教わったチームビルディングのノウハウを凝縮

申し遅れました、みなさん、はじめまして。

私は、チームビルディングコンサルタントの伊藤じんせいです。

有限会社トゥルーノースという経営コンサルティング会社で、コンサルタントとして活動しています。弊社では、一般的なコンサルティングのような、単なるアドバイスではなく、弊社のコンサルタントがファシリテーターとなりクライントのミッションに基づき、プロジェクトチームをつくり、毎週担当社員の方とのオンラインミーティングに入り、期限までに望

む成果を達成していくサポートを行う、ファシリテーター型コンサルティングを得意としています。

弊社がコンサルティングの中で実施するチームビルディングは、先ほどお伝えしたように、ジェームス・スキナーから直接教わったノウハウが土台となって構築されています。国内でジェームスのノウハウを体系化しお伝えできる会社は他にありません。

本書のノウハウは、これまで、コンサルティングにお申し込みいただいた方にしかお伝えしてこなかったのですが、組織マネジメントや人材育成に課題をお持ちの中小企業の経営者のみなさまへのサポートを通じ、自分が想像していた以上に現場の状況が深刻であることが見えてきました。

そこで、より多くの方にこのノウハウをお届けする方法はないかと摸索し、書籍という形でお伝えすることになりました。

もともと私自身は、測量設計の会社を経営していた父の背中を見て育ちました。

多くを語らない父でしたが、経営だけでなく社員の育成に苦労している姿を私は知っています。仕事への熱量が高く、社員に対しても愛情深い父でしたが、口下手なところも手伝って、なかなかその想いが届かなかったようです。

私がコンサルティングを通して感じるのは、情熱や愛情があるのにうまく社員に伝えきれていない経営者が多いということです。経営者の内にある想いを伝え、チームづくりに活かすことができれば、会社はますます成長するだろうと感じることが何度もあります。

もし今、あなたが組織作りや人材育成にもどかしさを感じているのであれば、これからお伝えしていく本書の内容を実践してみてください。少しでも多くの方に役立てていただけたら幸いです。

伊藤じんせい

CHAPTER 01

経営だけに集中できずに悩んでいませんか？

CHAPTER 02

自走組織をつくるために必要なこと

CHAPTER 03

自走組織をつくる準備をしよう

CHAPTER 04

組織を引っ張るリーダーが知っておくこと

CHAPTER 05

結果が出せるチームは何をしているのか

CHAPTER 06

自走する組織をさらに進化させる

ご購入特典プレゼント

特典①

社内メンバーの誰がリーダーに適任かを診断するテスト
（PDFファイル）

特典②

ミッションクエスト（PDFファイル）
～あなたとメンバーの人生の使命を明らかにする17の質問～

特典③

メンバーをやる気にさせる言葉がけ30選（PDFファイル）

特典④

60分ロードマップ作成オンラインセッション
現状の課題とあなたの理想の状態を明確にし、方向性を見つける無料個別相談

特典⑤

自分たちで決めて、勝手に動き出す「自走するチームの作り方」特別セミナー動画（約40分）

複数ご購入の方限定特典

5冊以上ご購入の方には、オンライン読書会開催の権利を差し上げます（本書を使用したオンライン読書会に著者が登壇いたします）。

10冊以上ご購入の方には、オンラインセミナー開催の権利を差し上げます（本書をテキストとして使用するオンラインセミナーに著者が登壇いたします）。

プレゼントはこちらから
お受け取りください。

直接ブラウザに入力する際には下記のURLをご入力ください。
https://tj.truenorth.co.jp/trk/tb/

※特典は著作権法で保護された著作物です。許可なく配布・転載を禁止します。
※特典は予告なく終了する場合があります。お早めにお申し込みください。

CHAPTER
01

経営だけに集中できずに悩んでいませんか？

SECTION 01

自ら動かない部下が多い組織の課題

多くの経営者は、部下を動かすことに疲れている

経営者は、会社の顔として常にリーダーとして振る舞っています。ですから、傍からはいつも自信たっぷりで完璧に見えます。ですが本当は、会社を存続させなくてはいけないという重責に耐え、さまざまなストレスと闘っている一面があります。社員に無用な心配をかけないようそんな様子をおくびにも見せず、業績を上げるために必死で駆け回り、社内改善にも全力で取り組んでいるのが経営者の本当の姿です。

しかし、そんな経営者の努力はなかなか社員に伝わりません。

人材育成や組織づくりに悩んでいるという企業の社員は、主体性がなく言われたことしかやらない。与えられた仕事に文句ばかりいう。給料をもらっている身であるにも関わらず、会

社のことを考えて動こうとしない。あるいは、給料以上の仕事をしたら損と言わんばかりの態度をとる、という傾向があります。

特に中小企業の場合は、言われたことしかやらない指示待ち社員ばかりです。指示があれば動く社員ならまだマシな方で、場合によっては、指示に反抗的だったり、お互いに仕事を押し付け合い、やろうとしない社員がいる場合も少なくありません。

「正直、もう疲れてしまったんだ」

これは、初回のコンサルティングで経営者からよく聞く言葉のひとつです。私が関わるまでの間、経営者は会社のため、社員のためにありとあらゆる努力をしてきています。しかし、その努力が何ひとつ実っていないように感じてしまうのだそうです。お金も時間も労力も費やして改善しようと取り組んできたにも関わらず、何も変わらない。「自分は一体何をしてきたのか」と、変わらない部下を見て、すっかり失望し傷ついているのです。

経営者としては、会社から給料をもらっているのだから、もう少し会社のために何ができるかを自ら考え行動してくれればいいのにと思うでしょう。そんな働きぶりなら、アルバイトやパートを雇った方がいいのではないかと、社員をお荷物に感じてしまうこともあるようです。

経営者の仕事は、会社の方向性を見定め、戦略立案し決断していくことです。でも、お荷物な社員ばかりでは安心して仕事を任せることが出来ません。その結果、経営者は経営の仕事から離れ、社員と同じ仕事を自らやらざるを得なくなっているのです。

部下は、いつも自分都合なことばかり言ってくる

社員がいい働きをしてくれないので、経営者は仕方なく自らプレイヤーとして動いているのですが、経営者がそうしていると、部下はこんなことを言ってきます。

「自分達に任せて、社長は社長の仕事をしてください」

「そんなに働き詰めにしていたら、いつか倒れてしまいますよ」

経営者の内心は、安心して頼めるならとうの昔にそうしていると言いたいところでしょう。

でも、それを口にしてしまうと社員との関係性が悪化してしまいます。ですからグッと我慢して黙々と仕事をするしかありません。その結果、経営者は仕事が山積みになり、休みらしい休みを取ることもなく年中無休で働くことになるのです。

経営者からしたら、社員として雇用しているのだから、それにふさわしい仕事をするのが当然だと思いたくなるはずです。仮に目の前の仕事が難しくて出来ないのであれば、自分で勉強して努力すればよいだけです。社員にとっても自分の実力アップに繋がるのですから、悪い話ではありません。でも、なかなかそのことには気付かないのが社員です。会社のためどころか自分のためにも努力できない人を、これ以上どう育てたらいいのか。多くの経営者が口を揃えるように嘆かれています。

経営者の声に耳を傾けていると、社員はいつも自分のことばかりを考え、勝手なことばかりを口にするそうです。例えば、経営者が新しいことをやろうと提案すると、現場は忙しいのだからこれ以上仕事を増やさないで欲しいと言ったり、会議で決めたことを実行しなかったり、「それは誰がやるんですか？」と責任を押し付け合ったりします。

また、経営者がせっかく問い合わせを増やしても、「もっと質の高い問い合わせを増やしてきてください」などと、不満をぶつけてくることもあります。あるいは、この取引先は面倒だ、要求が多いなどと文句を言うなど、挙げ出したらキリがありません。

社員は経営者が獲得する仕事に対して平気で文句を言いますが、実際仕事を作るのはとても大変なことです。それを常にやり続けているのですから、本来なら「ありがとう」と感謝されてもいいくらいです。けれども、社員たちが考えているのは、自分達のことだけ。経営者は、そんな社員たちの態度に頭を抱えるしかありません。

あらゆる手を尽くしても、一向に改善しない

仕事で何か問題が発生した場合は、その問題の原因を解明し再発防止に努めるのが基本です。ですが、人材育成に関してはこの基本が全く通用しないことが多々あります。

例えば、外部の専門家を呼んでの社員研修やコーチングを実施したり、経営者自らが勉強し、社員に1on1をしたりすることがありますが、そうした取り組みがうまくいくケースは非常に稀です。ほとんどの場合、関係構築がきちんとできていない外部の人間を連れてきた

ことによって、社員たちの反感が高まり、経営者との関係性がより悪化しています。

社長自らが改革に乗り出す場合も同様で、慣れないことを続けることが経営者のストレスになり、最後までやり遂げられないことが多いです。結果的に中途半端になってしまうことで、社員たちは「社長に振り回された」と感じてしまい、以前よりも不満が溜まり、経営者との間に生じた溝がさらに深まってしまうのです。ここまで悪化してしまうと、経営者は自分の会社でありながら居場所がありません。居場所がなくなってしまった経営者は、社内改革を諦め自分は営業活動に集中しようとするのですが、結局、主体的に動くことができない社員たちなのですから、経営者が居ないからといって自分達で考えて動くようになるわけではないのです。

褒めても叱っても、教育しようとしても一向に改善していかない組織の現実に直面すると、おそらくほとんどの経営者がこんな風に考えるはずです。「採用を間違えた」と。

ただ、実際に採用が間違っていたとしても、すぐに辞めてもらうことはできません。動かない社員には辞めてもらい、新しく主体的に動ける人を採用したくても、できないのが現実です。このことも、経営者を悩ませ、心身共に疲弊させる要因のひとつです。

経営者の悩みは、自分の仕事ができないこと

人材育成は多くの経営者がつまずくテーマですが、だからといってそればかりに集中することはできないはずです。すでにお伝えしたように、経営者の仕事は会社の方向性を見定め、戦略立案し決断していくことです。ですから、いくら社員の育成は経営者の重要な仕事だとわかっていたとしても、そればかりにすべてを使うことができません。経営者は、常に数年後あるいはさらに先の未来を見据え、社会や業界の変化にどのように対応していくべきかと考えているからです。

現代は、変化のスピードが加速度的で先の見通しが立ちにくい時代です。このような時代に会社を存続させるには、従来よりもスピーディーかつ的確な経営判断が求められると言われています。しかし、経営者がただ判断しただけでは意味がありません。経営者の下した判断を受け、現場がそれに適応し、仕事に反映させていくまでがセットなのです。

でも歯がゆいことに、それがなかなか叶わない……。理想はわかっていても、経営者としての本業になかなか集中できず、いつまでもプレイヤーとして現場で手を動かさなければならないのが現実です。経営者である自分を業務から解放してくれれば、経営に集中でき会社

をもっと成長させられるのにと思っていませんか。会社が成長すれば、社員にも還元されるわけですから、社員にとって何ひとつ悪いことはないはずです。でも、その真意をわかってくれる人がおらず、経営者はどんどん孤立してしまいます。

自分がもう一人いれば、会社はまわるはず……

経営者である自分の力では社員を動かせないことがわかるようになると、次に経営者は自分の右腕を見つけようとします。自分が何をしても変化の兆しがないのですから、他の人を頼るしかありません。ただ、他の人といっても誰でもいいわけではなく、経営者である自分のことを理解し、考えを形にしてくれるような人がベストだと考えます。

確かに、右腕となってくれる人が1人でもいれば、今よりも経営の仕事に集中できるようになるかもしれません。自分が直接社員に伝えることで角が立つなら、クッションとなってくれる人を間に挟むことで、社員からの反感も抑えられるかもしれません。

しかしながら、現実はそんなに簡単ではありません。どこからかヒーローが登場して会社を立て直してくれるといったドラマチックな展開は起こらないのです。

SECTION 02

あなたの右腕を探すのは大変

そもそも今、採用自体が難しい

成功している経営者には、右腕がいるとよく言われます。右腕というのは、経営者であるあなたが、仕事上心から信頼し頼りにできる人のことであり、あなたの考えや想いを理解し同じ方向を向いてくれる人のことをいいます。とはいえ、あなたの言うことをすべて肯定するイエスマンではありません。右腕となる人は、時にはあなたと反対の意見を言うこともあるでしょうが、経営者であるあなたの考えを理解した上でのことなので、同じ方向性を向いているといえます。今いる社員との間に溝ができてしまっているのなら、このような右腕の存在は、孤軍奮闘の日々を送る経営者にとってどんなに救いになるでしょうか。

ただし、ここで難しいのは自分の右腕となってくれる人が見つからないことです。

私は仕事柄、多くの経営者から話を聞きますが、「自分の右腕となってくれる人が欲しい」「もう1人、自分と同じ人がいれば変わる」「今の会社には、2番目が必要だ」とよく口にされています。本書の読者の中にも、右腕の存在を求めている人がいるかもしれません。しかしながら、実際に探そうと思うと膨大な時間と労力がかかります。

そもそも今は、右腕の採用どころか一般社員の採用自体がとても難しい時代です。優秀な人材はどこも取り合いですから、採用コストは上がる一方で、資金力のある大手には敵いません。

また採用が難しい背景には、労働人口の減少や、近年にみる働き方の価値観の変化などさまざま考えられますが、経営者であるあなたに知っていただきたいのは、昔と今では、若手の働き世代の働くことへの価値観や考え方が違うということです。

例えば昔は、学校を卒業して就職したらその会社で定年までを過ごすことが当たり前でした。また、大切な家族や自分の生活を支えてくれる会社のために恩返しをしようと昼夜仕事に打ち込む人も大勢いました。会社にいれば、年功序列で次第に給料も上がりますから、とにかく我慢してでも仕事をするという考えでよかったのです。よく「俺たちの時代には、文

何も言わずに会社に人生を捧げるのが当たり前だった。ワークライフバランスなんてなかったよな」という人たちがいますが、いくらそんなことを言っても、若手の働き世代にはまったく共感されません。

今の若手の働き世代は、1つの会社に留まることをリスクだと捉える人が少なくありません。また、会社に就職しても安定的で豊かな生活が保証されているわけではないことから、フリーランスや副業へのニーズも高まっています。これは、政府が推し進めている働き方改革や副業解禁の後押しもあるでしょう。

「いつどうなるかわからない」「自分の勤め先が突然なくなることもあり得る」という不安感を常に抱いている若手の働き世代は、そんな時代だからこそ自分の力で生きていける力を身につけたいと考えている人が多いです。言い換えると、それは「会社に依存しない生き方がしたい」という意味です。ここでいう会社に依存するとは、単に会社に雇用されることではありません。何も考えず、ただ会社にいけば給料がもらえるという気持ちで仕事をし、働く意味や意義すら持っていない人、主体性のない生き方や働き方をすることを指していると考えてください。主体性のない生き方や働き方を嫌うため、一方的な押し付けにしか思えないような命令が多かったり、自己成長が望めないような会社だったりすると、すぐにやめてしまう傾向があります。

結局のところ、旧態依然の考え方や体制のままの会社では、なかなか採用がうまくいきません。仮に採用がうまくいったとしても、働く環境が変わらないのですから、結局定着せず離職してしまうのです。

経営者であるあなたが右腕を探したくなる気持ちはよくわかりますが、少なくとも右腕となるような人材は、主体的に動き仕事を進めていく人材です。そのような主体的な人材が今の会社に入社した場合、今いる社員たちと調和をとりながら仕事を進めていくことができるでしょうか。「なんのために働くのか」と問われ、「お金と生活のため」と答えるような受け身社員ばかりの中では、1人だけ浮いてしまう可能性大。結局どうすることもできず、会社を見限って出ていってしまう可能性も十分あり得ます。

主体的に動ける人は、どこへ行っても活躍できるわけですから、足の引っ張り合いや仕事の押し付け合いばかりしている環境よりも、もっと自分が活躍できる場所を探し、そちらへ移ってしまいます。ということは、右腕となる人を採用することを考える前に、すべきことは今いる社員の意識改革だということがわかります。

今いる社員の誰かが右腕に育つ可能性は？

今いる社員の意識改革が必要だとお伝えすると、ほとんどの経営者が瞬時に拒否反応を示します。「無理無理」「いくらやってもダメだった」と頑なです。そう言いたくなるのも無理はありません。それまで散々経営者が骨を折り、社員を育てようと努力してきたのですから。

そうは言っても、あなたにとって右腕となる存在が必要なのは明白です。先ほどお伝えしたように、新たに右腕となる人材を採用するのは難しいとなれば、今いる社員の中で有望な人材を右腕として育てるという選択肢もあります。どんな会社でも、経営者であるあなた以外に仕事ができる人は1人や2人はいるものです。ですからその人たちを集中して育成するのも右腕を確保する目的としてはアリかもしれません。

しかし、特定の人に集中して育成するのはリスクもあります。うまくいけばいいですが、うまくいかなかった場合は、ただ労力をかけただけで終わってしまいます。あなたと同等までレベルを引き上げるのは、そんなに簡単なことではなく、できたとしてもかなり時間を要します。さらに、特定の1人だけに経営者の期待が集中することで、その人にとって物理的・精神的な負担になってしまうことも考えられます。周囲の社員からは社長から特別扱いを受けているように見えてしまいますから、社内のメンバーの中で軋轢が生まれる可能性も考えられます。そうなると、自分の右腕として育って欲しいという思いとは裏腹の結果になることが少なくないのです。

幹部クラスの中に右腕はいるのか

経営者の右腕になってくれそうな人は、すでに幹部となっている人たちの中から見つけることができそうですが、残念ながら、幹部クラスの人の中には自分の利害ばかりを考える人もいます。経営者であるあなたの考えを理解し、チームを動かしていこうと考えてくれる人は、実際それほどいないのも事実です。

幹部クラスの人の中には、自身の定年が見えてきている人もいます。自分の定年がもうあと数年だとわかっているので、新しいことへの取り組みには後ろ向きで、現状維持を貫こうとする傾向があります。仮に今の会社の体制や経営者のやり方に不満があり、自分なりに意見があったとしても、問題が起きないことの方が大切ですから声を挙げることをしません。声を挙げないからといって問題を認識していないかというと決してそうではなく、「何を言っても仕方ない」「今さら、変わらないだろう」「社長の考えが変わらないようでは無理」「今の若い子はダメだね」と、何かしら言いたいことを抱えています。しかし、それらを表に出して何かを変えていこうという気力までは起きていません。社内の問題を自覚していても見て見ぬふり。どこか他人事で、口にした方が損だという意識があります。

結局、右腕を採用するのも、自社の社員を育てて右腕にするのも、どちらをとっても大変で、時間とコスト、労力がかかります。さらにダメ押しをするようですが、経験上、組織全体として活気を失い、士気が下がっている状態のところに、誰か優秀な人を1人入れたところで何も変わりません。集中的に非難されたりストレスを受けるのが、経営者であるあなたから右腕となる人に変わるだけで、根本的な解決にならないのです。仮に一時的に改善したように思えたとしても、時間が経つと元に戻ってしまいます。

ですが、このままでは夢も希望もありません。新しい右腕を探すのもダメ、今いる人を右腕にするのもダメと言われたら、一体どうすればいいのでしょうか。それは、思い切ってあなたの今の考え方を変えてみることです。私のこれまでの経験上、何をやっても人材育成や組織作りがうまくいかない場合の唯一の解決策は、誰か特定の1人に期待することではありませんでした。結果としてうまくいったのは、チーム全体で社長の右腕役ができるように、自走する組織へと育てていくという方法です。

チーム全体で社長の右腕に

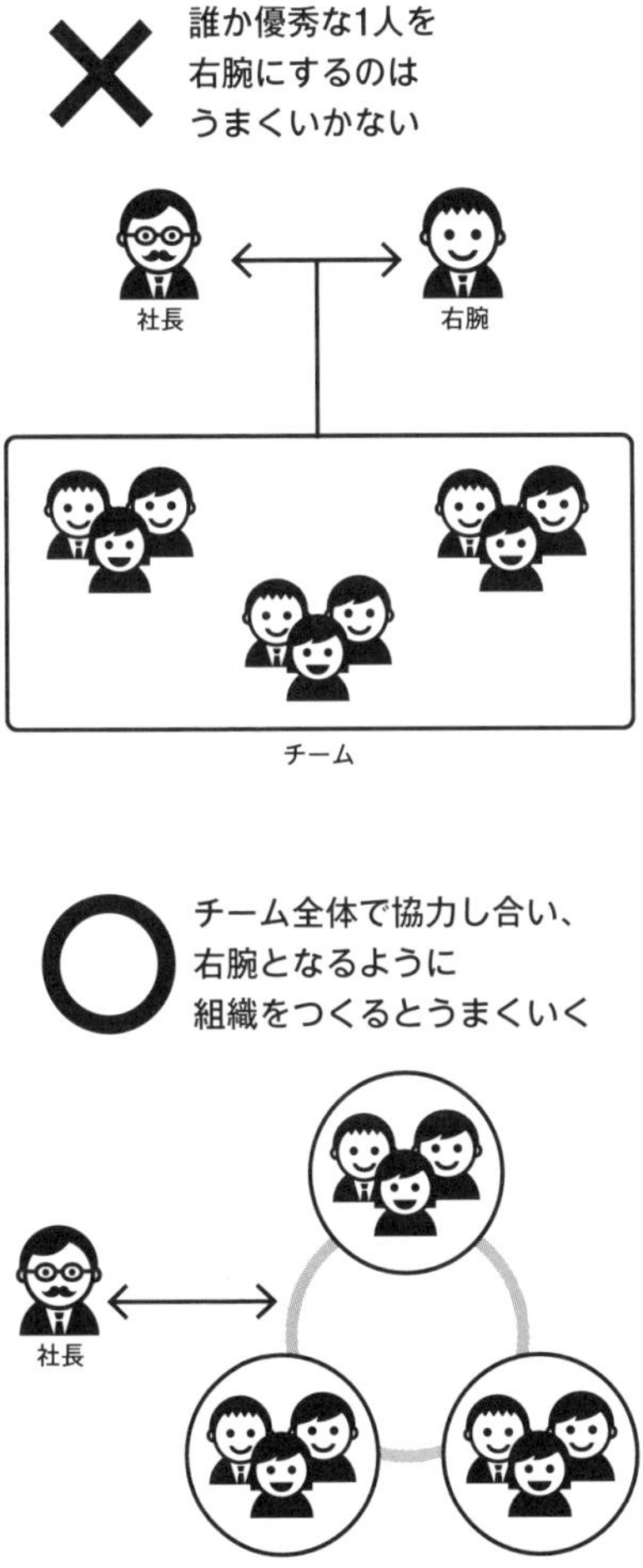

誰か優秀な1人を
右腕にするのは
うまくいかない
社長
右腕
チーム
チーム全体で協力し合い、
右腕となるように
組織をつくるとうまくいく
社長

SECTION
03

今あなたに必要なのは、自走する組織

1人ではなくチームで右腕になるという考え方

今すでに主体的に動くことのできない人たちが、自ら考え行動する自走型になるなんて考えられないと言いたいかもしれません。しかし、あらゆる方法を試してうまくいかなかったのですから、残された方法はこれしかありません。

経営に集中するために必要なのは、指示待ち社員ではなく主体的に考え行動できる社員を育て、経営者であるあなたがいなくてもチームが自走するようにすることです。右腕となる人を育てるのは困難ですが、チームで協力しそれぞれの力を結集させれば右腕と同じ働きが期待できます。1人に能力が集中しないので、ある意味リスクを分散できるというメリットもあります。右腕のような1人のカリスマが組織を引っ張るのではなく、全社員、一人ひとりが主役となって自分の力を最大限に発揮していく組織を作ることを、私は推奨しています。

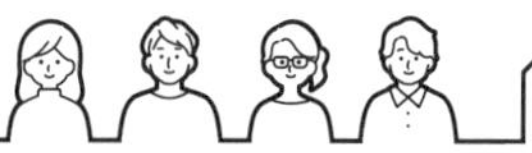

今はまだ「そんなにうまくいくはずがない」と信じられないかもしれませんが、あなたの本当の悩みは、経営に集中できないことだったはずです。その原因は、社員が自分達で考え行動せず、放っておけないからではありませんでしたか。あなたが望んでいることは、社員が積極的に仕事に取り組み、会社が成長していくように働いてくれることだったはず。であれば、遠回りに右腕探しをせずに、社員の意識改革を正しくやり直せばいいのです。

指示待ち社員が変わる、唯一の方法とは

経営者がプレイヤーではなく本来の経営の仕事に集中するには、実現可能性の低い右腕探しに注力するよりも、今すでにいる社員を育成し、チーム全体で右腕として機能するよう自走型の組織づくりへと切り替えることが必要です。

自走型の組織を支えるのは、自立あるいは自律して仕事に取り組める社員です。自立型・自律型の社員は、経営者から求められていることを理解し、自分の中に落とし込んで仕事に取り組むことができます。仮に自分のスキルが不足しているとわかった時は、自ら率先して

スキルアップに取り組みます。もしも今のチーム全体がこのような社員ばかりになれば、同じ内容の仕事でも全く違う結果を生み出せるようになると思いませんか。少なくとも、あなたが今抱えている、本来の仕事に集中できないという悩みは解消されるはずです。

今の社員たちの様子を思い浮かべて「無理だ」と早急に決めつけるのはやめてください。なぜなら、自走型の組織づくりに当たっては、これまでと全く異なる人材育成のアプローチが必要になるからです。言ってしまえば、過去にどうだったかは全く関係ありません。これから先の未来をどのように創造していけばいいのかだけを考えていくことが大切です。

もっとも、現時点でやる気がなさそうにみえる社員でも、本当は活躍する機会を望んでおり、会社をよくするための多様なアイデアを持ち合わせていることも少なくありません。

では、今主体性のない社員たちを自ら主体的に動くようにするには、何が必要でしょうか。

それは、社員たちに「使命」を感じてもらうことです。

使命とは、なんのためにするのかという動機のことだと考えてください。例えば仕事なら、自分はなんのためにこの仕事をするのか。というのが使命になります。経営者であれば、なんのために会社を経営するのかが、経営者の使命ということです。

自走型の組織づくりには、必ずチームや個人一人ひとりが使命に基づいて行動することが求められます。なぜなら、そうすることで、モチベーションが高まり、自分の内側から「やりたい」という自発的な意欲を引き出すことができるからです。

自走型の組織には使命が必要だとお伝えすると、中には「使命でご飯は食べられない」とおっしゃる人もいます。つまり、綺麗事ではないと言いたいのだと思います。そう言いたくなる気持ちも理解できますが、私は、何をしても組織が変わらない理由は、そもそも変わる動機が弱いからだと考えています。何か新しいルールを決めても、決めただけで実行されないことは、組織の中でよくあることです。現状を改善するためのルールなのに、守られなければ意味がありません。そしてやがて決めてもどうせ守られないということをチームが認識しだすと、現状を変えようとすらしなくなるのです。ならば、自分達で行動したくなるよう動機づけが必要です。「やらなければならない」と言う強制力で人を動かすのではなく、自ら「やりたい」「やろう」と感じるような動機があれば、人は自然と動き出すようになります。

SECTION 04

自走型組織を理解する

自走型の組織とは

経営者が自分の仕事に集中するには、今の組織を自走型の組織に変えていくことが最適解だとお伝えしましたが、ここでは自走型の組織とは一体なんなのか。これまでの組織とはどんなところが違うのかについて説明していきます。

まず、自走型の組織とは、経営者が自ら指示や命令をしなくても社員が自ら考えて行動できる組織のことを指します。むしろ、自分たちで何をすべきかを考えることが大事になるので、経営者は口出しをしないほうがうまくいきます。現在、経営者もしくは幹部社員が細かいところまでを管理して指示・命令しているなら、まずはそのプロセス自体が不要になります。社員たちは自分たちの考えに基づいて行動できますし、経営者や幹部社員は自分のすべ

き仕事に集中できます。つまり、双方にとってとてもいい組織のあり方なのです。

例えばあるプロジェクトを進めるにあたり、これまではチームの責任者が全体を管理し、細かく指示を出していたかもしれません。しかしそれでは、いつまで経っても指示されなければ動くことのできない人たちばかりが育ってしまいます。本来なら、このような時にチームのメンバーに求めるのは、責任者が決めた各自の役割を自分なりに解釈し、何ができるかを自分で考え行動し結果を出せるように各自が取り組むことです。仮に問題が起きた時も、ただ上からの指示を待つのではなく、解決に向けて能動的に行動できることを求めたいところです。こんなことは絵空事だと思うかもしれませんが、自走型の組織づくりを始めると絵空事だと思えたことが現実になっていきます。

自走型の組織づくりをすると、社員たちの中に自立心・自律心が芽生えるようになります。なぜなら、使命を与えることで自分の内側に「やりたい」という情熱が湧き上がるようになるからです。どんな人でも、人から無理やり指示されたことをやるよりも、自分でやりたいと思ったことに取り組む方が、多くを吸収します。自らがやりたいと思っているので、わからないことがあってもそのままにせず能動的に調べて解決し、うまくいくまでトライします。「これができたら次はこれをやろう」と自ら計画を立てて、スキルアップにも積極的です。困難なことがあったとしても、それほど苦痛に感じることなく、むしろ困難に挑戦することにワクワクするという人も少なくありません。仮に挑戦に失敗して落ち込むことがあっても、それを一つのドラマだと捉えて再挑戦しようとするのです。

自走型の組織では、仕事であるにも関わらず、今お伝えしたことと同様の現象が起きます。自分がなんのために仕事をしているかを理解し、その仕事に携わることに誇りを持ち、意欲的に取り組むようになるのです。

これからの組織づくりは自走式が主流になる

社員たちに望むことが主体的に行動することなら、あなたが目指すべき組織は自走型組織です。自走型組織について本書で初めて知った方もいるかもしれませんが、自走型組織はここ数年で注目されている組織づくりの考え方です。自走型組織が注目される理由は、すでにお伝えしたように、近年の働き方の変化や時代の変化などが影響していると考えられます。

例えばここ数年で急速に進んだリモートワークの導入も、組織のあり方や働き方に対する価値観の変化に大きく影響しました。リモートワークを導入することで生じたのは、これまでのように現場で上司が部下を管理することが難しくなったこと。これまでであれば、部下の仕事に目を配ることができましたが、離れた場所で仕事をすることでそれが難しくなってしまったのです。

社員に、上司の管理下から離れた環境下でも社員にしっかりと働いてもらい成果を出してもらうには、指示されるまで何もしないのではなく、自ら考え行動するようになってもらわなければなりません。

さらに、自走型組織をつくることはＶＵＣＡと呼ばれる予測不可能な時代に適応していくためにも必要だと考えられています。ＶＵＣＡ（ブーカ）とは、Volatility（変動性）、Uncertainty（不確実性）、Complexity（複雑性）、Ambiguity（曖昧性）という4つの単語の頭文字をとった言葉で、予測困難で目まぐるしく変化する状況を意味します。

グローバル対応や国内の政治・経済の変動、日々更新されるＡＩ、ＩＴ、バイオテクノロジー等の技術革新など、次々と起こる変化に対応していかなければならない状況は、まさに予測不可能。ゆっくりと戦略を立案し対策していくのではなく、その都度変化を素早く捉え、対応していくスピード感と柔軟さなどが求められる時代がＶＵＣＡの時代です。

このようなＶＵＣＡの時代を企業が生き抜くためにも、これまでと同じやり方をしていたのでは企業は競争に打ち勝つことができません。予測しづらい状況のなかでも最適な意思決定を行い、ビジネスを成功に導くためにも、言われたことだけをやる指示待ち人材ではなく、主体的に動ける人材の育成や、自走する組織づくりが必要だといわれているのです。

予測不可能なVUCA時代へ

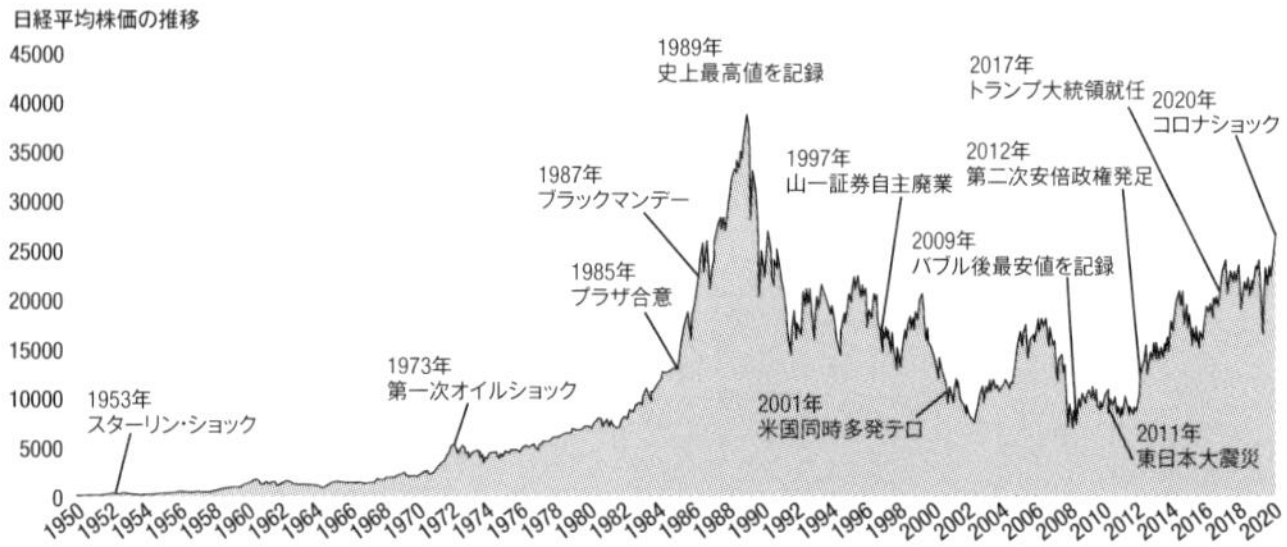

出典：IG証券

画一的 右肩上がり

方針や仕事の進め方は固定的で、決定した目標を効率的に実行していくことが業績達成へとつながる

より複雑で変化のスピードが早い

先が読みづらく変化のスピードが速い環境下にあり、その変化に合わせて個人や組織が学習しながら自律して判断をしていく必要がある

自走型組織の社員の特徴とは

ここで、自走型組織をつくる社員の特徴について整理しておきましょう。

自走型組織としては、「自律性がある」「柔軟性がある」「チームワークがある」「フラットな組織づくりを意識する」などの特徴があります。

自律性がある

自走型組織をつくる社員は、自分たちの仕事の優先順位を決め、タスクを管理し、課題に対して自ら解決策を見つけながら仕事を進めていきます。もちろん勝手に仕事を進めるのではなく、上司との報連相も適度に取りますが、ただ指示を待つだけでなく主体的に仕事を進めていく姿勢があります。

柔軟性がある

自走型組織の社員たちは、変化に対し迅速に適応できる柔軟性も持ち合わせています。社員が自ら主体的に考えた新しい企画を試す自由度の高い環境や風潮があるため、組織全体としても新しいことに挑戦する抵抗がありません。

チームワークがある

自走型組織では、個人が主体的に行動するだけでなく、自分以外のチームメンバーのことも尊重し、互いに協力しあう関係性を大切にします。

従来の管理型組織では上からの指示に従うという傾向になり、チームで協力して共に課題に向き合う機会が乏しくなります。これについては後の章でも説明しますが、権力や地位のある人が優れているという考えではなく、若手や経験のない社員の可能性を重視するのが自走型組織です。自分に経験がなくてもチームの一員として活躍できるので、コミュニケーションが活性化しチーム力が強化されるのです。

フラットな組織構造

自走型組織は、伝統的な「上から下へ」の命令系統ではなく、チームや個々のメンバーが自由に情報を共有し、共に決定を下すことを可能にする「フラット」な組織構造を取ることが多いです。

フラットな組織構造にすることのメリットは、情報がチーム全体に素早く行き渡ることです。つまり、全員が情報を手に入れ、それを元に自己判断をすることができます。また、意思決定には全員が参加することがルールです。意思決定に関われることから、自分の意見が重要な決定にも影響をするという感覚を持つことができます。結果として、自分の仕事が組織全体の成果に直接的に影響していると感じ、それが働きがいとモチベーションの向上につながります。

経験学習型の学習モデル

自走型組織では、失敗を間違いではなく、学びのチャンスとして捉えます。失敗した結果から何が学べるのか、どう改善できるのかを共有し、理解することが重要視されるからです。

SECTION 05

自走型組織をつくる経営的メリットを理解する

自走型組織を作れば、経営者は楽になれる

組織のあり方を変えることについておっくうに感じる人もいるかもしれませんが、経営者にとって自走型組織を作ることはメリットしかありません。具体的にどのようなメリットが得られるかというと、主に次のようなことが挙げられます。

- 経営者がやるべき事に集中できる
- 売上が増える
- 顧客満足度が向上し集客が安定する
- 社員の定着率が向上する
- 経営が安定する

今のあなたの状態は、会社にとって最も重要な経営に関する仕事に集中できず、プレイヤーとしても手を動かし、マルチに仕事をこなさなければならない状態ではないでしょうか。その状態を継続していると、いつまで経っても組織は変わらず、ただあなたが疲弊するだけ。ならば、経営者としての仕事に集中できる環境を整えることが先決です。

社員が自分たちで考え、仕事を進められるようになれば、あなたが口や手を出さなくても自分たちで目標を立て、それに向かって計画・実行していくようになります。そうなれば、あなたの時間が今よりも確保できるようになるだけでなく、社員たちが自ら売上に貢献できるようにもなっていきます。

実際に自社の組織のあり方に限界を感じ、自走型組織へと改革を進められた経営者からは、「組織やスタッフの考え方が変わり、自主的に物事を捉えるようになりました」という声をいただきます。また、社員が主体的に変わることで、数字としても成果が現れ、経営者が1人で奔走していただけでは達成できない領域に導かれることができるようになったという変化も現れています。このように、自走型組織をつくることは、経営者1人だけでは辿りつけない成果や領域へ会社を導くことができる可能性があるのです。

今の組織の状態をチェックしてみましょう

自走組織の話をすると、「大手でしかうまくいかない」や「優秀な人材ばかりの会社の話だ」と内心思われる人もいると思います。ですが決して大企業だけの話ではなく、どんなに小さなチームでも再現できます。

本当に自分に必要なことなのかどうかがわからない場合は、現在のあなたの組織の状態がどうなっているのかをチェックしてみてください。それぞれ該当項目にチェックしていただき、下記の内容に当てはまるようであれば、今のあなたは組織のマネジメントの方法を変えていく必要があります。本書を通して、自走する組織作りにチャレンジしてみてください。

A：今のあなたが、会社に対して望んでいることについて

- 組織・企業文化を変革して常に進化し続ける強い会社にしたい
- 商品・サービスを変革して新たな価値創造をしたい
- 市場・顧客を変革して新たな売上を作りたい

●生産・納品・事務プロセスを変革して業務を効率化したい
●仕入れ先・供給方法を変革して部材の質をあげ、コストを削減したい
●新しい人材を採用し、規模を大きくしたいが社内で教育できる人がいない

B：今のあなたが組織のメンバーに望んでいることについて
●もっと主体性を発揮し、強い責任感を持って欲しい
●失敗を恐れずにチャレンジして欲しい
●もっと仕事への使命感、モチベーションを高めて欲しい
●決めたことを確実に実行して欲しい
●協調性、相乗効果を発揮して欲しい
●業務改革ができずマンネリ化している

C：今のあなたが組織のメンバーやチームに対し感じていること
●メンバーがバラバラでまとまりがない
●チームというより、単なるグループのようだ

- いつも特定のメンバーの独壇場
- 仕事に対する熱意・責任感・使命感が低い
- 向上心や目標意識が低く同じことの繰り返し
- できないことを環境や人のせいにして自己弁護している
- 自分の意見を持てず、自分の判断や発言ができない
- チーム内で深いコミュニケーションがない
- 問題があっても事なかれ主義で放置するか逃げる
- 信頼して仕事が任せられない
- スキルアップやトレーニングに対する意識が低い
- 自分勝手に振る舞うメンバーが調和を乱す

A~Cの合計25個の質問のうち、15個以上該当している場合は緊急度が高め。組織改革を前向きに検討することをおすすめします。

CHAPTER

02

自走組織をつくるために必要なこと

SECTION 01

よくある組織づくりの間違いを知る

これまでの管理型組織には限界がある

指示待ち社員ばかりで経営に集中できないという悩みは、組織マネジメントの手法を管理型から自走型へと転換させることで、解消されていきます。

ただし、そのためにはこれまでの組織づくりの考え方を変えていかなければなりません。具体的にどのようなことを変えていけばいいかは後ほど説明しますが、ここではまずよくある組織づくりの間違いについて取り上げていきます。

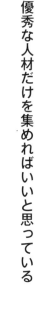

優秀な人材だけを集めればいいと思っている

なかなか主体的に行動できない社員をみて、「採用を間違えた」「もっと優秀な人材を見つけてこなければ」と考えてしまう人は多いですが、はっきりお伝えしておくと、いくら優秀な人を連れてきたところで、おそらく現状が変わることはありません。

「優秀な人を1人ではなく、何人か連れてくれば変わるはず」と思われるかもしれませんが、社員が主体的に動きたくなるような職場環境や組織文化が醸成されていないため、どんなに優秀な人であっても受け身型になるのは時間の問題です。さらにいうと、その優秀な人材を「優秀かどうか」だけで判断することで、やがて相手からも条件だけで判断されるようになってしまうリスクも秘めています。


優秀な人材ばかりを集めても、チームとしてうまく機能するわけではありませんし、経営者であるあなたに共感し、あなたや会社のために力を発揮してくれるわけではありません。

例えば野球のチームを考えてみてください。野球は9人のチームで試合をしますが、仮にその9人全員をドラフト上位で指名されるような選手ばかりで揃えたとしたら、果たしてうまくいくでしょうか。答えはNoです。野球のようなスポーツの場合、当然ながら個々の能力も必要ですが、それよりも大切なのはチームで協力し、それぞれの欠点を補いながら一人ひとりに与えられた役割を全うし、チームで共通の目標を達成することです。言い換えれば、個人プレイばかりでは結果を出すことができないということ。
会社の組織も同じで、優秀な人材が集められれば、それに越したことはありません。ですが、優秀な人材を集めただけでは結果を出すことができないのです。

ミッションがない

使命やミッションの話をすると、「ミッションなんて、眉唾だ」「想いだけで仕事が取れたら苦労しない」とおっしゃる経営者は、実際非常に多いです。それだけ、日々厳しい現実と向き合い綺麗事だけではない世界を垣間みているからこそだと思います。

私自身、その考えをまったく否定する気はありません。ただ、組織マネジメントを行い、主体的に考え行動できる社員を育てようと思うのであれば、使命やミッションがないと、社員は社長や会社に共感することができませんし、社員同士が目的や目標を共有することもできません。

共感できずに仕事をすることは、想いが入らないのでただ作業をしているだけの状態になってしまいます。また、社員同士あるいはチームで共有できる目的や目標がない場合も、助け合うという意識が薄れ、自分がよければそれでいいという感覚に陥りやすくなります。

そもそも目指す目標がないのですから、今日1日を無難に過ごせるほうがお得です。人よりも目立つことをしたり、必要以上に何かをすることで余計な仕事が発生してしまうと、給料が変わらないのに仕事だけが増えるという態度は、まさにその意識の現れです。


先ほどの野球の例えで再び考えると、ミッションの必要性がよくわかります。

野球チームの目指すものとして、「野球を通してファンを喜ばせる、勇気を与える」というミッションがある場合、チームメンバーである選手たちは、チームのミッションを達成するには、どうすればいいかと考えます。その結果、「リーグ優勝する」という共通目標を掲げます。共通目標があることで、目標を達成するためにはどうすればいいのかと選手全員がそれぞれ必要なことを考え、日々の練習や試合に臨むのです。

もしもミッションがなかったら、優勝するかどうかは重要でなくなります。勝っても負けてもどちらでもいいことになり、やる気のある人だけが頑張り、そうでない人はその時々の気分や体調に応じたプレイをします。このようなミッションも目標もないチームは、試合に勝つことへの執着心がありません。執着心がないチームは、達成する喜びを得ることもなければ、失敗する悔しさを味わうこともないチームになり、やがて野球をやることの意味すらも見失ってしまう選手ばかりになる可能性を秘めています。

今の日本企業の多くの組織はまさにこの状態です。これでは、主体的になりようがありません。

条件や報酬だけで人は満足すると考えている

頑張ったらその分の報酬を期待したくなるのは、誰もが同じです。しかし、報酬だけ与えられていれば人は満足するのかと問われると、決してそうではありません。

営業職などでよくある報酬形態に、成果報酬があります。要するに、成果を出したらその分報酬を与えるというものです。このような制度は、確かに人のやる気を引き出すことができますが、行き過ぎると自己中心的な考えや行動をする社員が出てきたり、個人主義になりやすいため、チームに弊害が出る可能性を秘めています。労働条件や報酬は、人を動かすためには不可欠ですが、それだけで人が継続的に主体的になるわけではないことを理解する必要があります。

また、条件や報酬へのこだわりが強くなると、自分が満足するような評価をされなければ不満が溜まり、チームから離脱（もしくは離職）してしまう可能性も高くなります。

特に経営者が、条件や報酬だけを与えていれば人は一生懸命働くと思い込んでいる場合は危険信号です。働く目的が「お金」なのは、ほとんどの人に当てはまるので問題ありません。ですが、いい条件を与えていれば言うことを聞く。あるいは高い報酬を与えれば、黙って仕事をする。と考えているのなら、即刻その考えは捨ててください。

指示や命令しかしない

従来の組織では、上下関係が明確で部下が上司に言い返したり、反抗することは認められていませんでした。「部下は、上から言われたことを黙ってやるべき」という考えに基づき、基本は業務上の指示もしくは命令ばかりが中心で、連絡等の最低限のコミュニケーションしかとらない経営者もいます。

現在、指示待ち社員ばかりだという組織のほとんどが、コミュニケーション重視ではなく指示や命令中心でチームが成り立っています。このような関係性ができてしまうと、経営者をはじめ、幹部など上層部はやがて部下から避けられる存在になってしまいます。部下からは「相談しにくい」「怖い」と避けられ、何を言っても「いいですね」と賛同しかされません。内心では「もっと現場から意見が欲しい」「いろんな意見を取り入れたい」と思っていたとしても、「異なる意見を口にするなんて……」と思われているため、現場の本音を吸い上げることができないのです。

会社や仕事のことについて現場の社員にヒアリングをしようとすると、「現場の人間に聞いても、多分何も返ってこないよ」と経営者が口にすることがありますが、実はそうではありません。現場の社員たちとのコミュニケーションの中心が指示や命令しかないため、それ以外のことを「言ってはいけない」と思われているだけだったりします。

褒めずに、できないことを叱ってばかり

指示待ち社員が多い組織の共通点として、社員がみな挑戦する意欲を失っている傾向があります。挑戦する意欲を失ってしまっている原因のひとつには、失敗が許されないと思って

いるからです。

ミスをしたら叱ることは当たり前と思いがちですが、叱ってばかりの職場では部下のやる気を削ぐだけになるため注意が必要です。失敗すれば叱られるという環境では、部下が常に怯えて仕事をしなくてはならず、挑戦する気力を削いでいきます。

ただ、ここで勘違いしてはいけないのは「叱ってはいけない」という意味ではないということです。叱らないのではなく、叱るだけにしないことが大切で、よくなかったところは指摘しつつも取り組んだことに対してはしっかり褒めることが必要なのです。

よくあるのは、ミスに対して叱りっぱなしで褒めることをしない場合です。仕事の質を高めるには、課題や失敗を見過ごさず原因究明し再発防止に努めるべきですが、それを行う前にまず相手が取り組んだことや挑戦したという事実を認め、努力を評価してあげなければなりません。


どんなことをしても社員が主体的に動かない。あるいは人材育成についてうまくいかない場合、ここまでに挙げたことに当てはまるところがないかどうかを確認してみてください。

SECTION 02

自走型組織には主体的になれる組織文化がある

人が主体的に動く理由を知る

これまでの管理型組織から自走型組織に転換するには、これまで行ってきた組織マネジメントの方法を変えていかなければなりません。放任主義にすれば勝手に自走するわけでないため、社員が自走するような仕組みと環境を整えていく必要があります。では具体的にどのようにすれば人が主体的に動くのでしょうか。

人が主体的に動く状態とは、自らやる気になって「自発的」に取り組み、それが継続される状態です。ですから、やる気になるような動機とそれを維持できる仕組みもしくは環境が必要になります。

人がやる気になる動機をつくるには、まずミッションの存在が必要です。ミッションは、そ

の人にとって自発的に取り組みたくなるような内容で、かつそれに取り組むことが「楽しい」と感じるものでなくてはいけません。

人は「楽しい」と感じるようになると、自らさまざまな創意工夫を行うようになります。そうすると、それまで提供できてこなかった新たな価値を提供できるようになり、顧客や周囲から感謝されるようになるのです。顧客や周囲からの感謝は、直接的な成功に繋がったり物質的な報酬に繋がったりします。

このような良い循環が生まれると、自発的に取り組めばこのようなポジティブな体験ができるのだと学習し、この体験を維持できるようにしようと行動するようになります。人に主体的に行動させるには、こうしたポジティブな循環が欠かせないのです。

「好きこそものの上手なれ」ということわざがあります。

これは、楽しんでやることによってうまくなるものであるということ。あるいは、あることに熟達するには、それを楽しめるようになることが肝要であるという意味です。このことわざからにあるように、人は楽しみながら物事に取り組む方が学習効果が高く、向上心を維持できる傾向があります。

あなた自身にも、自分の興味のある物事について貪欲に調べたり、休むことを忘れて夢中になったりした経験があるかと思います。そのような状態の時、「やらされている感覚」ではなく「やりたい」という自発的な動機に突き動かされている感覚がないでしょうか。仕事も同じで、自ら「やりたい」と思うような動機を与えることで、主体的に動くように方向づけていくのです。自走型組織をつくる上で大切になるのは、「やりたい」という強い気持ちなのです。

主体的になれる環境はどうやってつくるのか

いくら「やりたい」という気持ちが高まっても、行動を発揮できる環境がなければその気持ちのやり場がなくなってしまいます。ですから、「やりたい」という気持ちを引き出したあとは、その気持ちに従って行動できる環境を用意しなければなりません。

本書でいう行動できる環境とは、心理的安全が確保された環境のことだと考えてください。心理的安全が確保された環境とは、組織や集団の中でも自然体の自分でいられる環境のことです。心理的安全性という用語は、「psychological safety（サイコロジカル・セーフティ）」という英語を日本語に翻訳した言葉で、心理学の専門用語として使われていました。心理的安全性という用語が登場したのは1999年ごろで、組織行動学の研究者である、米・ハーバード大学のエイミー・エドモンドソン教授が提唱したことが始まりといわれてます。

先ほど心理的安全性は、組織や集団の中でも自然体の自分でいられる環境のことだといいましたが、仕事で考える場合は職場の環境や職場の人間関係が、その人にとって自分らしくいられるような安心できる環境であるかが重要になります。

心理的安全性は、仕事の生産性向上に大きく影響することがわかっています。

世界的企業であるGoogle社によれば、同社が2012〜2015年までの4年間に行った生産性向上のためのプロジェクトの結果、「心理的安全性が高まると、チームのパフォーマンスが向上する」ということを発表しています。それ以降、心理的安全性という言葉は世界中の企業で注目されることになり、主体的な人材育成や自走する組織づくりを行う際には、心理的安全性を確保することが必須だということが広く知られることになったのです。

心理的安全性が低いときに人が抱える4つの不安

人が主体的に行動するなら心理的安全性が欠かせませんが、反対に心理的安全性が低い時には、人はどのような行動を起こすのでしょうか。

心理的安全性が低い時、人は次のような4つの不安があると考えています

- 無知だと思われる不安
- 無能だと思われる不安
- 邪魔をしていると思われる不安
- ネガティブだと思われる不安

例えば、仕事でわからないことがあり、誰かに教えて欲しい時はよくあります。この時、自分で調べて解決する努力も必要ですが、わからなければ誰かに訊ねて解決できるように努めるのが一般的です。しかし中には、人に訊ねることで相手から「こんなことも知らないのか」

と感じて質問を先延ばしにしようとする人もいます。
これがもしも重大なトラブルやミスだったとしたら、より報告するのが嫌になってしまいます。不正や隠蔽などは、背景に当事者の悪意があるケースもありますが、心理的安全性が低い環境だからこそ起こることでもあるのです。「何かを発言しても大丈夫。理由を聞かずに一方的に怒鳴られたり頭ごなしに怒られることはない」や「間違っていても、バカにされたり批判されたりすることはない」という安心感がなければ、人は口を閉ざし本当のことを言わなくなってしまうことを理解してください。

例えばトヨタのカイゼンでは、よく「なぜ」を繰り返して本質的な原因を解明するように言われます。トヨタに限らず、多くの企業において「なぜ」という問いかけは行われています。確かにこの方法であれば、原因を解明し再発防止に役立てることができそうですが、「なぜ」「どうして」と問い詰めるばかりでは、人によって心理的安全を感じられなくなるので注意が必要です。人によって捉え方が異なるため難しいですが、「ダメ出ししかされない」「批判しかしない」と捉えられないようにしてください。

ですから、まずは風通しのいい心理的安全が確保された職場環境にしていくことが大事になります。ただし、心理的安全を確保することは、わがままや甘えを許す、言いたい放題を許す、ということではありません。あくまでも社員にとって自己開示しやすい状態にするということですから、誤解をしないようにしてください。

心理的安全性を感じるために必要なこと

心理的安全性が低い組織では、自分の意見や考えを口にすることができなくなり、主体的に行動しなくなる一方、心理的安全性が確保されている組織では失敗しても大丈夫だという安心感があるため、主体的に物事に取り組み行動的な人が増えます。

これから自走組織をつくるには、社員たちにまず心理的安全性が高いことを感じてもらい、その変化を肌で感じてもらえるようにする必要があります。そのために必要なのは、「承認」です。承認とは、言葉のとおり相手のことを認めることです。

では、どのようにすれば相手が自分のことを「認められている」と感じるのでしょうか。それは、しっかりと相手の言葉に耳を傾けること。自分の意見を取り扱ってもらえる組織だと認識できるようにしていくことです。

例えばミスの再発防止のために「なぜ」と相手に問いかけ原因を究明したいなら、まず挑戦したことを認め、褒めるのです。失敗に対し、その原因や理由を聞き出す前に相手のしたことを認めることで、相手は心理的安全を感じ、こちらの言葉を受け止める準備ができるのです。


心理的安全性が高いと社員全員が認識できている組織の場合、社員たちは自分のミスや失敗を過度に恐れることなく挑戦できるようになっていきます。結果も大切ですが、成果や結果よりもまず挑戦したことを認めることが当たり前になるので、「どんどん挑戦しよう」とする社員も増えます。反対意見を言ってもむやみに批判されるのではなく、建設的な議論ができるという共通認識があるため、会議で発言する人も増えます。

日本企業の場合は、挙手性で何かを決めようとしても手が挙がらないことが少なくありません。いつも同じ人ばかりが手を挙げるので、声の大きい人の言うとおりになりやすい傾向があります。ですが、挑戦することが認められ、自分の声を拾い上げてもらえることがわかっていれば、「自分も何かやりたい」「私はこれができます」と自ら手を挙げるようになります。

日本人は右にならえの風潮があり、主体的に行動できないと揶揄されることもありますが、それは、そうなるような文化を築いてきてしまったからなのです。「私はこう考える」と個人の意見も大切にしながら、1つのことを協力していくような文化が作り出せれば、互いに協力しながら主体的に行動できる人たちの集まりになります。

はじめは小さな変化かもしれませんが、小さな変化は周囲へ伝搬しやがて組織文化へと変わります。自走組織をつくるなら、主体的になれるような組織文化が生まれるような変化を起こしていきましょう。

組織文化をつくるには、習慣化とミッションが必要

文化をつくるには、まず習慣化から始めなければなりません。

筋トレをしようと思い立ち、数週間毎日続けただけでは習慣になりません。習慣とは、意識しなくても自然に行動できる状態のことですから、習慣化できるような仕掛けや環境、あ

るいは動機が必要になります。なかでも大切なのは動機です。すでにお伝えしたように、人が主体的に行動するには、強い動機が欠かせないからです。

例えば「○○を実現するために、筋トレを毎朝10分行う」と目標を掲げた時の、「○○の実現」の部分が大事だということです。ですから、主体的に行動できる組織文化をつくっていきたいのであれば、社員たちがそうしたくなるようなミッションを用意する必要があります。

ミッションのつくりかたは後ほど説明しますが、上からの命令ではなく自分達で決めることに意味があります。自分達で決めたミッションがあると、仕事においてどのような行動がふさわしいかをそれぞれが考えることができます。また、みんなで作り出すことによって、ミッションは社員またはチーム共通のものになります。だからこそ、習慣化しやすく文化にもなりやすい。ミッションは、自走する組織であることを習慣化させるための土台ともいえるのです。

SECTION
03

すぐれた戦略だけがあっても意味がない

経営戦略と人材戦略はセットで考える

経済産業省が発表している資料に、「未来人材ビジョン」というものがあります。

この資料は、経済産業省が２０２２年５月に発表した、未来を支える人材を育成・確保するための方向性と、今後取り組むべき具体策を示したレポートです。このレポートは、時代が求める人材政策を検討するために設置された「未来人材会議」での議論内容をまとめて公表したものになります。

そのレポートの中に、『企業にはいま、雇用・人材育成システムの聖域なき見直しが求められているのではないか。具体的には、終身雇用や年功型賃金に代表される「日本型雇用システム」と社外との接続領域である「採用戦略」をどうするか、である。』という一文があり、

現在の企業が抱える人材マネジメントの課題に、「人事戦略が経営戦略に紐づいていない」という指摘がありました。

何が言いたいかというと、経営者が実現したい未来を叶えるのは、優れた施策ではないということ。戦略や施策を立てるのはいいけれど、共に実現に向けて取り組める、同じ方向を向いて仕事ができる人材の確保はそれ以上に大切であるということです。にも関わらず、日本企業の多くは、従来と変わらない人事戦略を続けています。

先ほどの未来人材ビジョンレポートによれば、世界的に見ても、日本企業の従業員エンゲージ

人材マネジメントの課題

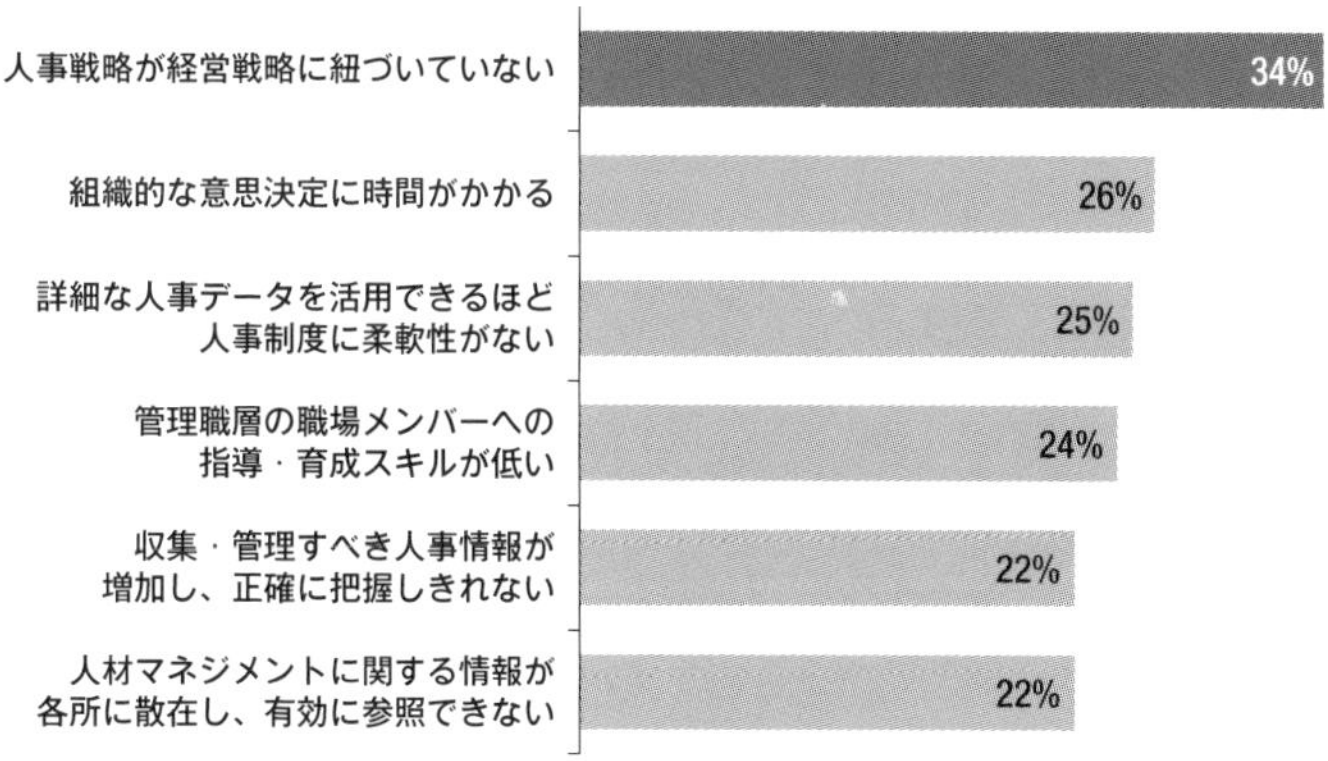

パーソル総合研究所「タレント・マネジメントに関する実態調査」（HITO REPORT 2019年10月号）を基に経済産業省が作成。

メントは最低水準で、現在の職場で働き続けたいと考える人は少ないことが分かっています。ただ、同じ職場で働き続けたいと考えていないからといって、転職や独立・起業への意欲があるかというとそうでもなく、総体的に「やる気がない」状態であることが浮き彫りになっています。でも、やる気がない人材を増長させる要因は企業側にもあります。日本企業の多くは、人に投資をしていないのです。人材育成に多額の資金を投入することが難しい中小企業であれば、この傾向はより顕著になります。

ですが、本当にこのままでいいのでしょうか。先ほどのレポートの中では、投資家が中長期的な投資・財務戦略において重視するものとし

中長期的な投資・財務戦略において重視すべきもの

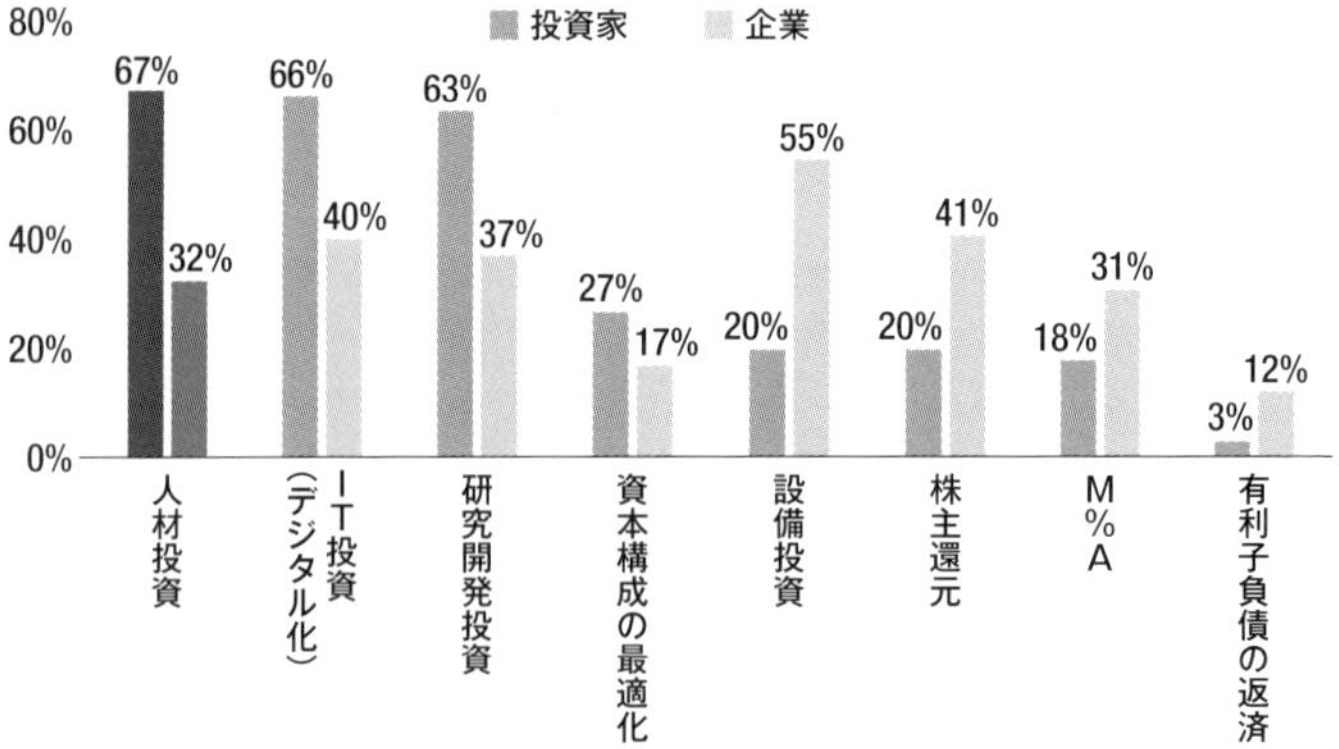

出所：日本生命保険協会「企業価値向上に向けた取り組みに関するアンケート」を基に経済産業省が作成。

て、人材への投資を挙げています。

中小企業は即戦力の人材が必要だと言われる人が多いですが、即戦力になるスキル・能力のある人を雇用したところで、経営者の実現したいことに共感し組織を牽引してくれるようになるとは限りません。人材は急には育たないからこそ、早いうちから人材戦略を考えておく必要があるのです。自らの立てた戦略や施策を実践しようと真剣に考えるなら、経営戦略と人材戦略は同時に考えていかなければならないのだと知ってください。企業の成長を加速させるためにも、人をどのように育てていくかが重要です。

人は、ビジョンに集まるもの

企業にとっては新規採用を行うことも大切ですが、まだ居ない未来の人材に期待するよりも、まずはせっかく働いてくれている社員たちを育てることに注力することをおすすめします。経営者の人材育成や組織マネジメントに対する意識が変わり、ビジョン中心の組織文化が定着してくると、やがてそのビジョンに共感してくれる人材の採用も実現しますので、安心してください。

自分の働く会社を選ぶ際、インターネット等で会社のことを調べることは当たり前になりました。かつて求職者は企業情報と求人転職サイト等に掲載されている口コミ、あるいはＯＧ・ＯＢ訪問でのヒアリングなどで情報収集していました。しかし最近では、それらに加えＳＮＳで発信される情報も重要視されるようになってきています。

ＳＮＳを活用した就職活動は、リアルな会社の雰囲気などがわかることから若い世代を中心に浸透しており、ＳＮＳを活用した採用広報に力を入れているところも少なくありません。このような変化からわかるのは、今の求職者はかつての求職者とは異なり、勤務条件だけでなく環境や価値観など、自分が実際にそこで働いたらどうなるのかを想像させるような情報を求めているということです。

もちろん、高い給料や充実した福利厚生も大切だと思っているでしょう。ですが、それだけでなく、企業から発信されているビジョンや組織文化を重要視し、そこに惹かれる企業にエントリーする人が少なくないのです。まさに、ビジョン先行型の企業選定です。となると、いかに共感してもらえるビジョンを生み出し、世の中に発信していけるかが大切になります。

かつては、採用した人材を自社の組織文化に染め上げることが当たり前でしたが、今は自分らしさなどの個性を尊重することが当たり前になっています。会社の色に染められることを拒否する若手は多いですし、おそらくそうした価値観を持った人材は今後どんどん増えていくことでしょう。ですから、どちらにせよ今までの採用のあり方を変えなければなりません。少々面倒だと感じるかもしれませんが、ビジョンを発信することで共感した人だけが集まってくれますから、採用後のミスマッチも避けられます。

組織文化は意図的につくるもの

さきほど、人材戦略と経営戦略は結びつけるべきだとお伝えしましたが、組織マネジメントは計画的かつ意図的におこなっていくことが大切です。

ビジョンの話をすると、怪訝そうな顔をされる方もいらっしゃいますが、何もあなた自身の考え方を根底から変えてくださいという意味ではないのです。あくまでも、組織を自走化させるために必要であると捉えてください。

SECTION 04

組織文化はこう作る

指示待ち組織から自走組織を作る3ステップ

では、これまでお伝えしてきた組織文化はどのようにすればつくれるのでしょうか。組織文化をつくる第一歩は、自走できる小さなチームをつくり、そのチームを中心にプロジェクトを進めていくことです。チームが主体となって動いていき、徐々にそのメンバーを増やしていきます。はじめは組織の中に小さな渦を発生させ、どんどんその渦を大きくしていくイメージです。組織文化が組織全体に浸透すると、いつの間にか、指示待ちだった社員が自発的に動き出していることに気がつけるようになります。

自走組織をつくるには、次の図にあるような3つのステップで進めていきます。最初のステップでは、経営者が理念を決め、会社全体の方向性を決めていきます。そして理念を決めたら、その想いに共感してくれるチームを募ります。チームのメンバーが集まったら、そのメンバーを中心にチームビルディングを行い、経営者の決めた理念をどのように仕事に反映していけばいいかを決めていきます。ちなみにチームビルディングとは、メンバー1人ひとりのスキルや経験を最大限に活かし、目標を達成できるチームを作り上げる取り組みのことを指すと理解してください。

ステップ1でやること

ステップ1で行われることは、ほとんど経営者が中心となります。ここで経営者がすべきことは、組織改革を強く決意することです。ステ

自走型組織をつくる3ステップ

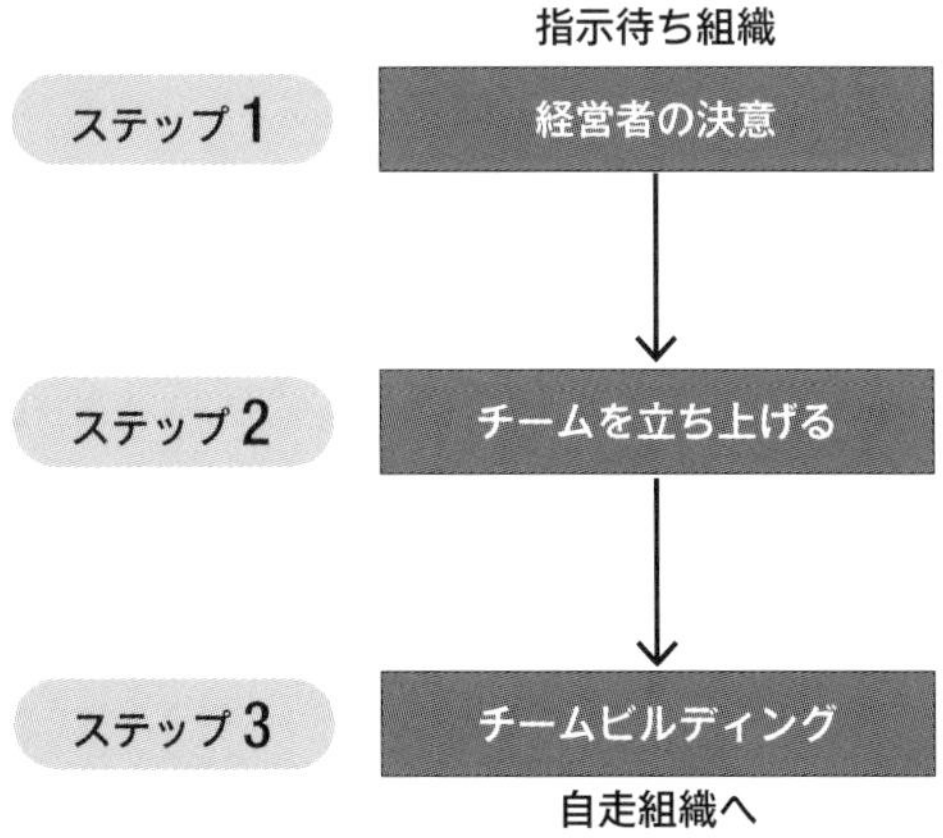

ップ2以降では経営者の出番はほとんどなくなりますが、まずはトップダウンで組織改革を決定してください。そして、どのような会社にしたいかを決め、方向性を定めていきます。

ステップ2でやること

ステップ2では経営者の決意に賛同してくれるチームの立ち上げを行っていきます。ステップ2で立ち上がるチームのメンバーは、自走組織を作るための中心メンバーになります。具体的に行うことは3章で触れますが、まずは中心メンバーでできたチーム内での共通理解を図っていくことが大事になります。

ステップ3でやること

組織改革の中心となるチームが立ち上がり、メンバー同士で共通認識ができたあとは、いよいよチームビルディングを始めていきます。チームビルディングでは、組織全体の方向性を定めていきます。具体的には、ミッションやビジョン、行動指針を決めていきます。

自走型組織にすることで、これまでと何が変わるのか

チームビルディングを行い自走型組織が誕生すると、仕事の進め方そのものが変わります。従来であれば、図のように縦割りで上から下へ指示が流れていきます。一方、組織文化ができた後の自走型組織の仕事の進め方としては、経営層が決めたことをチームに伝え、チームが自ら何をやるかを決め、仕事を進めていきます。

従来の縦割り型組織では、トップダウンで仕事を進めてきましたが、自走化できた組織では、チームが決めたことをトップに伝えるというボトムアップで仕事が進んでいくという特徴があります。

これからの仕事の仕方

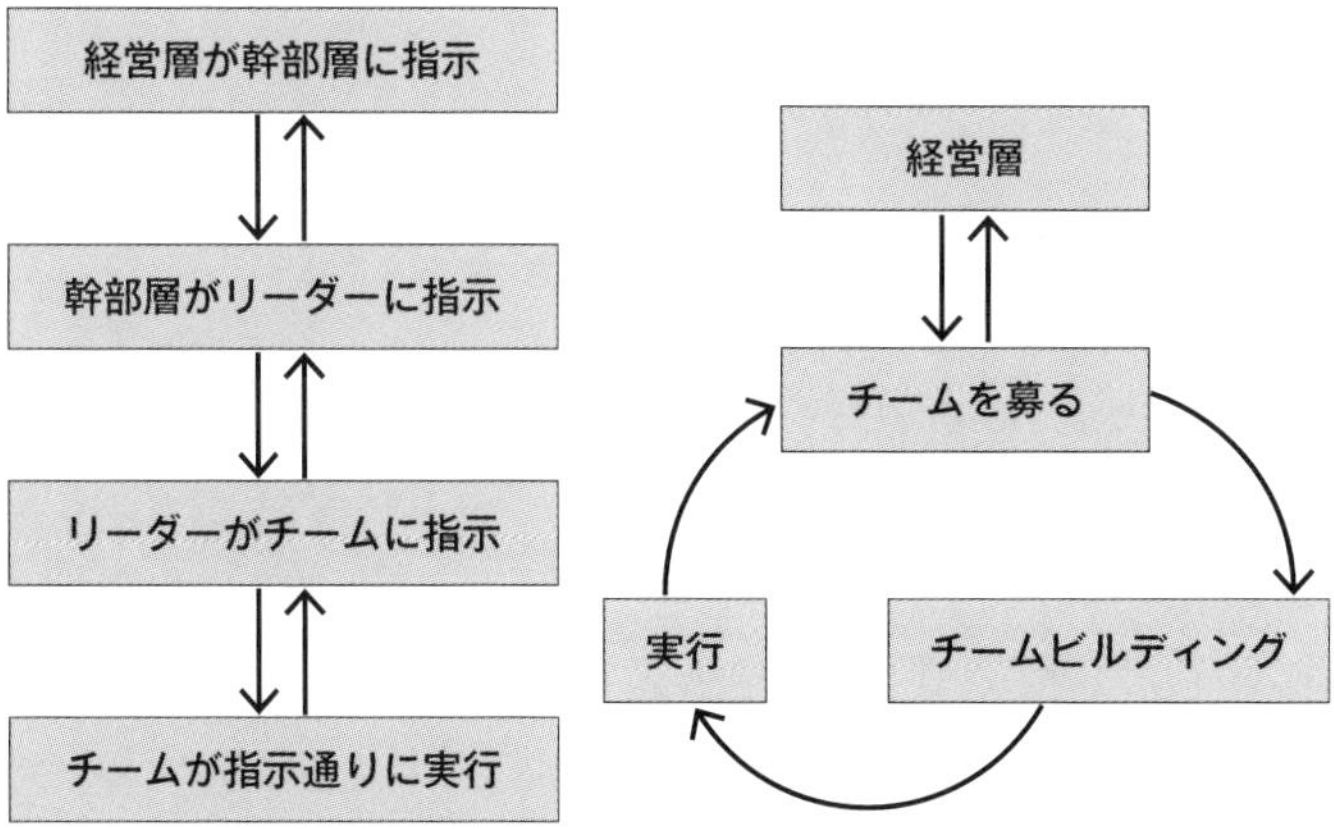

一見、経営者が蚊帳の外のような扱いをされているように思えてしまうかもしれませんが、チームと経営者はきちんと意思疎通が取れ、かつ経営に集中できる環境が確保されるようになります。簡単にいうと、経営者は自分のやりたいことをチームに伝えるだけで、チームはその指示に従って自ら仕事を進めていけるようになるということです。

SECTION 05

経営者が積極的に改革しなくてもいい

組織改革は社員が主役になる

本書では自走組織をつくりましょうとお伝えしていますが、実は経営者自身がやるべきことはとても少ないです。事実、自走組織への改革に成功した会社では、社員を主役にし経営者は任せる姿勢を貫いています。ただし、いくら社員を主役にといっても実際に改革を進めていく上ではリーダーが必要です。みんなの意見をまとめ、舵をとっていく人をリーダーにしていかなければ組織がまとまらないからです。

例えばステップ2では、ステップ1で経営者が決意した想いを汲み取り全体に伝えていくリーダーが必要です。この場合は、経営者が組織の中で信頼できる人にリーダーになってもらうのがいいでしょう。この時のリーダーの大きな役割としては2つあり、変革のきっかけになってもらうこと、もう1つは、経営者の声を代弁してもらうことです。

本来、会社を牽引していくのは経営者の役割だと思われがちですが、自走組織では組織、社員を牽引するのはリーダー役となる人です。なぜ経営者でなくリーダーかというと、経営者が中心となって組織を動かすと、チームメンバーである社員たちとの間に利害関係が生じることで、忖度が生まれやすくなるからです。忖度が生まれる以外にも、「あなたに都合の良いミッションでしょ？」と諦めの気持ちが生じ、話し合いがうまく前に進まないことがあります。みんなが「リーダーの意見に合わせておこう」とならないためにも、経営者の意志意向を理解しているリーダーに先陣を切ってもらう必要があるのです。

ちなみに、上司から部下へ権限移譲することを「デレゲーション」（delegation、デリゲーションとも）といいます。上司が部下に自分の仕事の一部を移管して任せることで、主体的に業務を進めやすい環境を整備し、結果的に企業の業績等の向上に貢献するようにするマネジメント手法の1つです。

経営者がリーダーにデレゲーションを行うことで、部下は自分達で組織づくりを進めていくことができます。経営者としては、自分の見えないところで物事が進んでいくことに不安もあるかもしれませんが、信じて任せてみることも大切なプロセスだと考えてください。

改革のリーダーになる人の特徴

先ほど、経営者が最初にビジョンを伝える相手をリーダーにしてくださいといいましたが、リーダーになる人はどのような人がふさわしいでしょうか。一般的には幹部社員の中から選ぶことを考えがちですが、必ずしもそれが正解とは限りません。役職や職位重視ではなく、あくまで経営者のビジョンに共感し、組織改革を率先して進めてくれる人に依頼するようにしてください。

リーダーにふさわしいのは、他の社員に積極的に働きかけ、自ら主体的に行動してくれる人です。傾向としては発言が多く、仕切り屋にならない人がいいと考えます。また、他の社員から「こんなことをして意味があるのか？」と問われた時に、「変われるし、変わっていこう」と前向きに引っ張っていける人であることも大切です。役職重視でなく共感しているかどうかを重視するのはこのような理由があるからなのです。

リーダーの特徴として、発言の多い人というのを挙げましたが、これはいわゆるノリがいい人とは違いますので気をつけてください。ムードメーカー的な存在で、職場の雰囲気を盛り上げてくれる存在がいるとその人のことをリーダーだと思いがちです。周りを巻き込む力があることから「あの人がリーダーになるのでは」と周囲が思うかもしれませんが、それが必ずしも正しいとは限りません。

リーダーに必要なのは、場を盛り上げる力ではなく共感する力です。社員にはいろいろなタイプの人がいて、口下手な人からお調子者までさまざまです。考えがあっても意見を引っ込めてしまうタイプの人もいれば、人の話を遮ってでも自分の話をしようとする人もいます。リーダーの役割は、経営者のビジョンを組織に浸透させることに加え、それぞれの社員の声にも耳を傾け、承認し、巻き込んでいくこと。ですから、そのような素質を持ち合わせている人を見つけられるのがベストです。

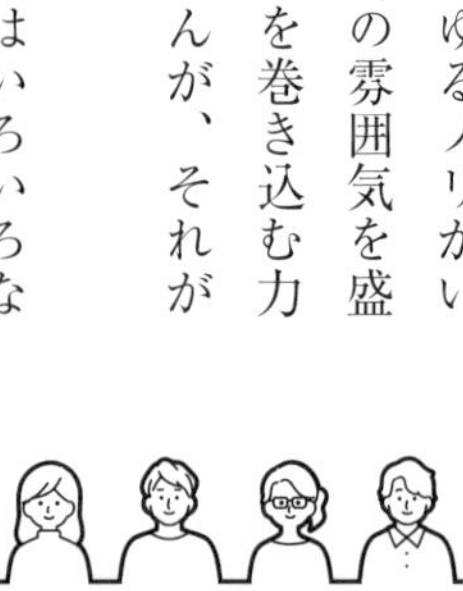

心理的安全性が確保される場をつくれる人が適任

自分のビジョンを伝えられる人として誰が適任かを考えていると、結局誰がいいのかわからなくなってしまう人もいます。場合によっては、期待していた幹部社員もリーダーに該当しない場合がある可能性があります。

そのような時は、リーダーとして考えている対象社員が、組織の心理的安全性を確保できる人かどうかを重要視します。1章でお伝えしたように、承認されない、共感されない組織では、社員の心理的安全性が確保されません。人が主体的に行動できる環境に必要な要素は、心理的安全性ですから、最低でもリーダーが中心となってチームをまとめた際に、心理的安全性が確保され、チームのメンバーが自発的に発言できることを重視してください。

リーダーというと、号令をかけてみんなを引っ張っていくイメージが強いですが、号令をかけたところで、チームメンバーの心からの自発性を引き出せる訳ではありません。一時的に勢いで始めてしまったものの、時間が経つと勢いが失速し実行されなくなるのは、心からやりたいと思って始めたことでないことが多いです。チーム全員で決めたことを達成しようとすることで、社員のモチベーションが高まり自発的に繋がっていくのです。

任せることで組織は変わる

改革の主役が経営者ではなく社員になることで、経営者として疎外感を感じたり不安や恐怖を感じてしまう経営者も中にはいます。自分の想いをしっかりと汲み取ってもらえるのか、会社が自分の望まない方向性になってしまわないか、社員だけに任せていて、本当に会社は大丈夫なのか、そんな不安が次々に襲ってくることもあります。

ですが今一度考え直していただきたいのは、従来の組織づくりでは、経営者であるあなた自身がラクになることはなく、本来やるべき仕事に集中できなかったという事実です。なにをしてもダメだったのであれば、そもそも組織づくりの根本から見直すタイミングなのです。

これから自走組織にしていくには、「任せること」や「委ねること」を取り入れていくことが大切ではないでしょうか。

CHAPTER

03

自走組織をつくる準備をしよう

SECTION 01

自走型組織ができるまでの全体の流れ

自走型組織をつくる9つのプロセス

ここからは、自走型組織をつくるまでの全体像について説明していきます。

2章では、組織が自走するために必要な組織文化をつくる手順として、3つのステップを紹介しました。ここでは、その3ステップをさらに細分化し、具体的に何をするのかをお伝えしていきます。自走型組織にするまでの流れとしては、図のように大きく3つのステップがあり、各ステップごとに3つ、計9つのプロセスがあります。

9つそれぞれのプロセスの中では、次のことを行っていきます。

（1）経営者が改革を決意する

自走型組織をつくる第一歩は、経営者自らが「決意」をすることから始まります。何事もそうですが、物事を成功させるにはまず決意が必要です。その決意が強ければ強いほど、実現可能性が高くなります。

もしかしたら、現在の組織の様子を見て、とても自走型組織になれるはずがないと感じているかもしれません。でも、それでも決意しなければ始まりません。

反対に、経営者が自分には関係ないといった気持ちや態度をみせると、それが社員に伝わり実現しません。ですから、何がなんでも実現する。今よりさらに組織をよくしていくのだ。と

自走型組織をつくる9プロセス

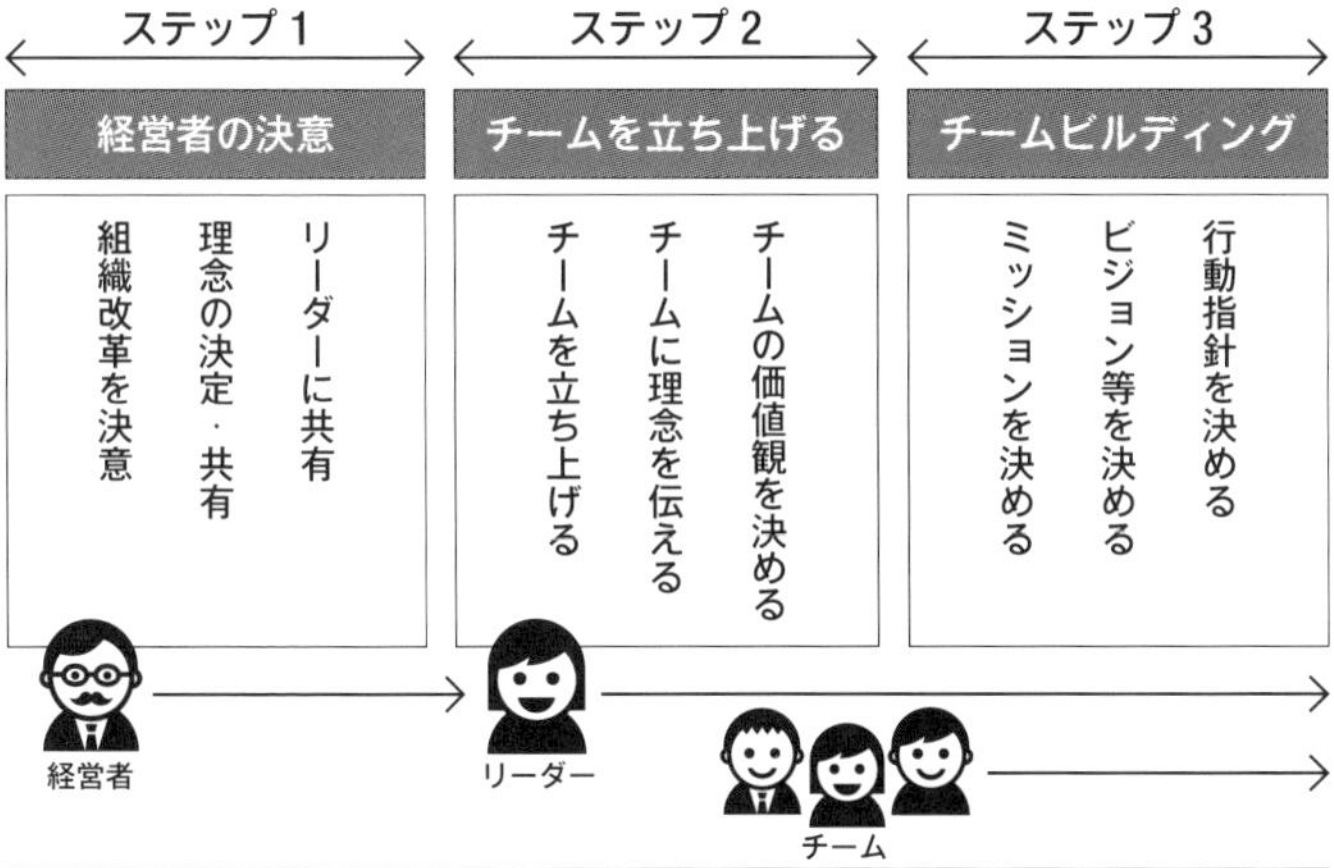

強く決意してください。

（2）経営者が会社の理念を考える

組織を変えていくと決意したら、自分が会社をどうしていきたいのか。社員のみんなとどんなことを実現していきたいのか。会社の方向性について考え、理念としてまとめてください。ここで経営者が考えた理念は、この後チームに共有します。この理念をもとに、チームのメンバーがそれぞれ意見を出し合いながら、「どのような組織を作っていくべきか」「自分達はどのように仕事をすべきか」といった議論をしていきます。

（3）信頼できるリーダーに共有する

決意をし理念を定めたら、次はそれを社員に共有します。

この時に共有する相手は、誰でもいいわけではありません。社員の中でも、あなたが最も信頼を寄せている相手をリーダーとして選び、共有します。共有する際はできるだけ素直な

言葉を選び、強制的に組織を変えていくと取れるような発言には注意してください。

信頼できるリーダーに自分の想いを共有できたら、リーダーには、その自分の想いを他の社員へ伝え、会社全体に浸透するようにしてほしいとお願いしてください。経営者がすべきことは、ここまでです。ここから先は、あなたが信頼したリーダーや、あなたが採用した社員たちを信じるのみ。あれこれを口を出さないように見守ります。

（4）チームを立ち上げる

経営者から理念を受け取ったリーダーは、その理念を伝え、組織に広げていくためのチームを立ち上げていきます。いきなり大勢に伝えてもうまくいかないため、まずはリーダー自身が信頼できる人に伝えてみてください。1人から2人、2人から3人と、少しずつ伝える相手を増やしていきます。

数人に伝え、組織を変えていくことの同意が得られそうだという感触をつかんだら、本格的に組織を変えていくためのチームを立ち上げます。

（5）チームに理念を伝える

チームを立ち上げたあとは、リーダーからチームのメンバーに理念を伝えていきます。

経営者から理念や想いを託されたリーダーは、その想いをチームへ共有します。この時、いきなり社員全員に共有することを考えなくても構いません。まずは少人数で構わないので、経営者の考えたビジョンに共感し、組織を変えていくプロジェクトに参加したい人を募るようにしてください。

プロジェクトチームを作る際に注意すべき点は、強制的な指名を行わず、挙手性にすることです。ここで本人が望まないのに指名して参加させるということが起こると、せっかくのプロジェクトが意味を成しません。自走する組織への変革は、プロジェクト進行のスタンスや方法も根底から変えていく必要があるのだと心得てください。

（6）チームの価値観を決める

チームを立ち上げ理念を伝えたら、チームのメンバーそれぞれの価値観を共有し、チーム

としての価値観を決めていきます。ここで登場した価値観やキーワードについては、この後のプロセスにある、ビジョンやミッション、行動指針を決めていく素材となります。

価値観を決める際は、「チームで大事にしたい価値観は何か」という問いに対し、それぞれが思うことを発言していきます。自分達の行動をどのようにしていくか。お互いのコミュニケーションをどのようにとるか。あるいは、それぞれがどのように仕事をしたいのかなどを話し合い、なるべく全員に共通するキーワードを探っていきます。

この時、意識したいのは経営者が伝えた理念です。社員が自分達の好き勝手に決めていくのではなく、経営者の用意した理念を実行に移すには、どのような価値観がふさわしいのかという具合で考えていきます。

(7) ミッションを決める

チームの価値観が決まったら、次に、チームのミッションを決めていきます。ミッションとは、果たすべき使命や、存在意義のことを指しています。チームのミッションを決めるときは、社会にとっての会社の存在意義や、企業活動を通して何をするのか。あるいはなぜするのか等を考えていきます。その後、先ほど考えた内容を実現するためにどのようなミッションを定めたらいいかを考えていきます。

(8) ビジョン等を決める

チームのミッションが決まったら、次はビジョンを定めていきます。ビジョンとは、組織の将来像のことであり、実現したい未来のことを指していると考えてください。よく、ビジョンは経営者が決めるのではないかと訊かれることがありますが、自走型組織をつくるためには、ビジョンはチーム全員で考えていく必要があります。ここでのポイントは、全員参加で考えることです。一部の人だけで決めたり、多数決で決めたりすることは避けます。

(9) 行動指針を決める

チーム全員でミッションを決めたあとは、そのミッションを実行するための行動指針なども決めてください。行動指針を定めるのは、決めたビジョンやミッションを組織に定着させるために必要だからです。

「自分達はどのように行動したらいいのか」と、組織のあり方について、課題や改善案などをすべて自分たちで話し合い、決めていきます。

チームで話し合い決定したことは、日々の仕事の中で反映されるように工夫していきます。同じ仕事のやり方をしていてはいつまで経っても変わりません。ですから、どのようにすれば決めたことを実行していけるかについても話し合ってください。

続いて次項からは、それぞれ3つのステップを実行するための方法や考え方について説明していきます。

SECTION 02

ステップ1の進め方～経営者の決意～

経営者が「決断」しよう

ここでは、自走する組織をつくるためのプロセスを実行するために行う準備について説明していきます。自走する組織づくりのスタートは、まず経営者が決断をするところからです。ここでいう決断とは、今までの組織マネジメントから卒業し、新しい考え方・方法で組織マネジメントを行っていくのだという決意のことをいいます。正直なところ、経営者は決意するだけでよく、何か特別なことをする必要がありません。

ステップ1では経営者が中心

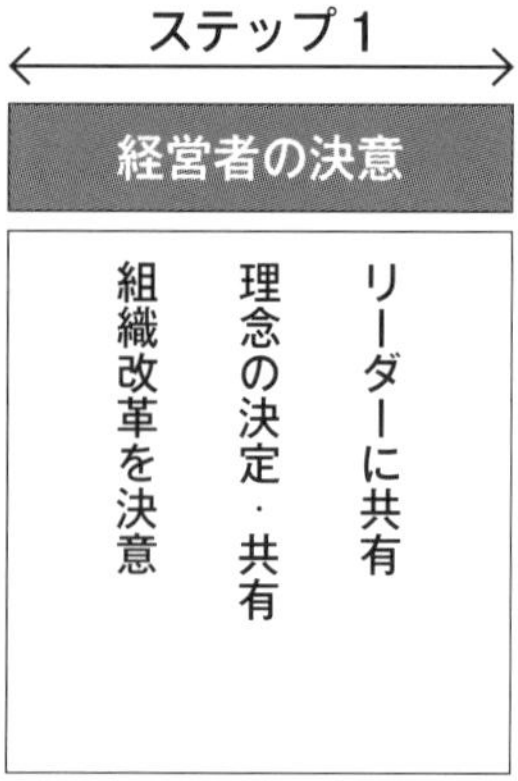

後ほど説明しますが、むしろ何もしない方がベターだと理解してください。ただし、だからと言って我関せずの態度ではいけません。自らの考えや態度が変わらなければ、社員はついてこないからです。

よくコンサルティングをしていると、経営者からこのようなことを言われます。「本当にこんなことをして、意味があるのか、変わることができるのか」と。ここで大切なのは、変われるかという意識ではなく、変えるのだと決意することです。

2章でも触れたように、ある習慣が積み重ねられたチームや組織が、やり方を変えるのは簡単ではありません。うまくいきかけていたのに揺り戻しがあったりします。でもそのような時、経営者がブレない態度でいてくれたら、社員たちは変わらなければならないことを思い出し、再び新しいやり方へと挑戦していきます。ここで私が何を言いたいかというと、社員のブレる気持ちを修正できるほど、経営者の存在は大きいということです。あなたのひと言や態度が、周りへ大きく影響することを自覚し、自走する組織づくりを実現させていきましょう。

理念はどのように決めるのか

経営者が組織を改革することを決意できたら、次に理念を定めてください。

経営理念とは、経営を行う際の基本となる「考え方」や「価値観」「創業者・経営者の思い」を言葉で表したもので、会社の方向性を示すものとなります。事業を進めていく上での根本的な考え方や「経営を進めていく上での判断基準になるといえます。あなたが定めた理念はこの後、理念の実現のために社員がミッションやビジョン・行動指針などを決め、組織づくりを実践していきます。

さて、読者の中にはすでに会社の理念が定められているというケースもあると思います。その場合は、改めて理念を見直す機会としてください。過去に決めたことから想いが変わっていない場合はそのままでも構いません。しかし中には、創業時の事業計画を立てる際に理念を定めなくてはならず、なんとなく決めてしまったという人もいます。もしもなんとなく定めたままになっているなら、これを機に一度見直してみてください。

この機会に理念を定め直す場合は、どうやって決めればいいでしょうか。先ほどもお伝えしたように、経営者の定める理念は会社の方向性を示したものです。噛み砕くと、なんのために会社が存在しているのか。事業を通して、社会に対しどんな価値を提供していくのかを、社内はもちろん、ステークホルダーに対して示していくものとなります。

理念の決め方にルールはありませんが、理念を考える際のヒントとしては、経営者であるあなた自身の過去のネガティブな経験や体験がヒントになることが多いです。実際のコンサルティングでヒアリングを行っていても、過去に経験した挫折から、同じような悔しい想いをする人を減らしたいという強い想いが、自分の仕事の原動力になっている経営者は非常に多いです。悔しさや苦しさ、辛さをもう一度思い出すのはツラいことですが、そうしたネガティブな経験がヒントになることが多いということは頭に入れておいてください。ちなみに私自身も、本書のはじめにでお伝えしたように、現在の事業の理念の原動力は自身の失敗や挫折がもとになっています。

理念を信頼できる人に伝える

理念を決めたら、先ほどお伝えしたようにあなたが信頼できる人に決めた理念を伝えてください。理念を伝えたら、あなたのやることはそこで終わり。あとは、信頼できる人に任せて、あなたは見守っているだけになります。ここで気をつけなければいけないのは、一度任せたなら、変に口を挟まない様にすることです。任せる時は徹底して任せる様にしないと、いつまで経っても変化できなくなってしまうからです。口を出されないで仕事をするなんて、甘えなのではないか？　と思われるかもしれませんが、その心配は不要です。むしろ逆で、経営者があれこれ口を出さないからこそ主体的な組織ができあがるのです。

社員を肯定し全面的に協力する

社員たちに任せていると、社員同士の話し合いの中からさまざまなアイデアが飛び出してくるようになります。その中には、これまで自社で取り組んだことのない斬新なアイデアが出てくる可能性もあります。斬新なアイデアが社員から飛び出した場合、あなたはそのアイ

デアを受け入れられるように努力してみてください。

古い体制のまま変われない組織にありがちなのは、潮流を押さえた斬新なアイデアだったとしても、過去に事例がないという理由で却下されてしまうことです。試行錯誤した結果や徹底した議論の結果として却下されるなら理解もできますが、「やったことがない」といった単純な理由だけで却下されては、社員のモチベーションは下がる一方です。

ということは、社員のモチベーションを上げて主体的になってもらうためにも、飛び出したアイデアを肯定的に受け止め、真剣に検討することが大切なのです。何もかもアイデアを採用しないといけないわけでなく、受容し、承認するプロセスを大切にしてください。社員たちからしても、自分達の意見が反映されることがわかれば、意欲がさらに高まり主体的に行動したくなるものです。

自走型組織をつくることとは、確かにあなたが四六時中管理する必要はありませんが、ほったらかしで何も関わらないというわけではありません。あなたは、社員にとって一番認めてもらいたい相手です。そんなあなたが社員からの意見を肯定的に受け止める姿勢を見せれば、社員はみるみる変わっていきます。

ステップ2の進め方〜チームを立ち上げる〜

チームの立ち上げは、挙手性で行う

ステップ2では、自走型組織をつくるための中心となるチームの立ち上げを行っていきます。

主体的なチームづくりをしたい場合に大切なのは、チームメンバーの集め方です。集め方には、指名制と挙手制がありますが、挙手制で行う方が主体的なチームになるため、基本は挙手制でチームメンバーを集めてください。挙手制にするメリットは、会社の変革に対する意欲的な人たちが集まりやすく、スムーズな改革が可

ステップ2では、改革の中心メンバーを決める

ステップ2

チームを立ち上げる

- チームの価値観を決める
- チームに理念を伝える
- チームを立ち上げる

能になることです。チームのメンバー集めを指名制で行うこともできますが、指名制だと率先して改革しようという気持ちが醸成できていない場合もあります。

ただ、必ず挙手制でチームを作っていかなければならないかというとそうではありません。時には、リーダーが適任者に声をかけチームメンバーも集めるという方法でも構いません。

しかし組織改革の初期段階であるこのステージでは、受け身の組織から自走する組織への切り替えになるため、より主体的な人が集まるよう挙手制を重視します。

メンバーになってもらうよう呼びかける際には、必ずステップ1で経営者が決めた会社の理念を伝えるようにしていきます。経営者の決めた理念に共感し、組織改革のメンバーとして率先して動いていきたいという人を集めることが成功の秘訣です。

チームの価値観を決めていく

メンバーを集めたら、これから共に組織改革というプロジェクトに取り組む者同士の結束を強めていきます。そのために、メンバー同士で価値観を共有しお互いのことを理解した上で、チームとしての価値観を決めてください。個人として大切にしたい価値観や想いではなく、チームとして大切にしたい価値観や想いを決めるのです。

価値観を共有する際に話し合うテーマは、メンバーそれぞれの働くことに対する価値観やこれまでの経験、あるいは会社へ想いについてです。

メンバー同士が価値観を共有し相互理解を深めることのメリットは、心理的安全性を高め、プロジェクトが進めやすい環境が整うという点です。1章では、主体的な組織文化をつくろうとする場合、心理的安全性の確保が必要だとお伝えしました。心理的安全性の大切さについてはすでに説明しましたので割愛しますが、これまで発言する機会がなかった人にも積極的に発言してもらうには、共に仕事をする仲間に対し「本音でぶつかっても大丈夫だ」と認識し合う必要があるのです。

メンバー同士で価値観を共有する回数を重ねると、メンバー同士の新たな発見につながることが多いです。実際に、「それまでずっと一緒に仕事をしていた仲間が、こんなことを考えていたのか。知らなかった！」とポジティブな発見があったと教えてくれる人も少なくありません。

少し話は変わりますが、一般的な会社組織では、社員同士やメンバー同士の風通しをよくするために、飲み会や社員旅行あるいは運動会などを企画するところもあります。会社で行われる飲み会や社内レクを否定するつもりはありませんが、それらのイベントが組織にポジティブな変化をもたらす交流の方法として最適かどうかを問われると、首を傾げたくなります。

一般的にいえば、いくら社内行事といっても、結局いつも仕事をしている人たち同士で集まってしまうことが多いため、せっかくの時間もいつもと変わらない時間になってしまいます。それだけでなく、社内行事の際は仕事から離れた話題が多くなりがちなので、考えていることを真面目に共有しづらい雰囲気でもあります。このように考えると、案外社員同士の深い交流は図れておらず、きちんと相手のことを理解できていないまま仕事を進めてしまっている状態が実態ではないでしょうか。社内行事は、メンバー同士の価値観を共有する方法としては最適ではないのです。

価値観を共有する際に気をつけたいことは、お互いの価値観を批判・否定しないことです。例えば「私はこんなふうに仕事がしたい」という人に対し、「その考え方はこの会社に合っていない」と批判するのはよくありません。そもそも価値観は個々に異なるものであり、正解があるわけではありません。このプロセスでは、個人がどのように考えているのか。あるいは目の前の仲間がどういう人間なのかを理解することが目的です。相手の発言をジャッジするという考えは捨て、受け入れるという感覚で話を共有していきます。

チームの価値観と文化

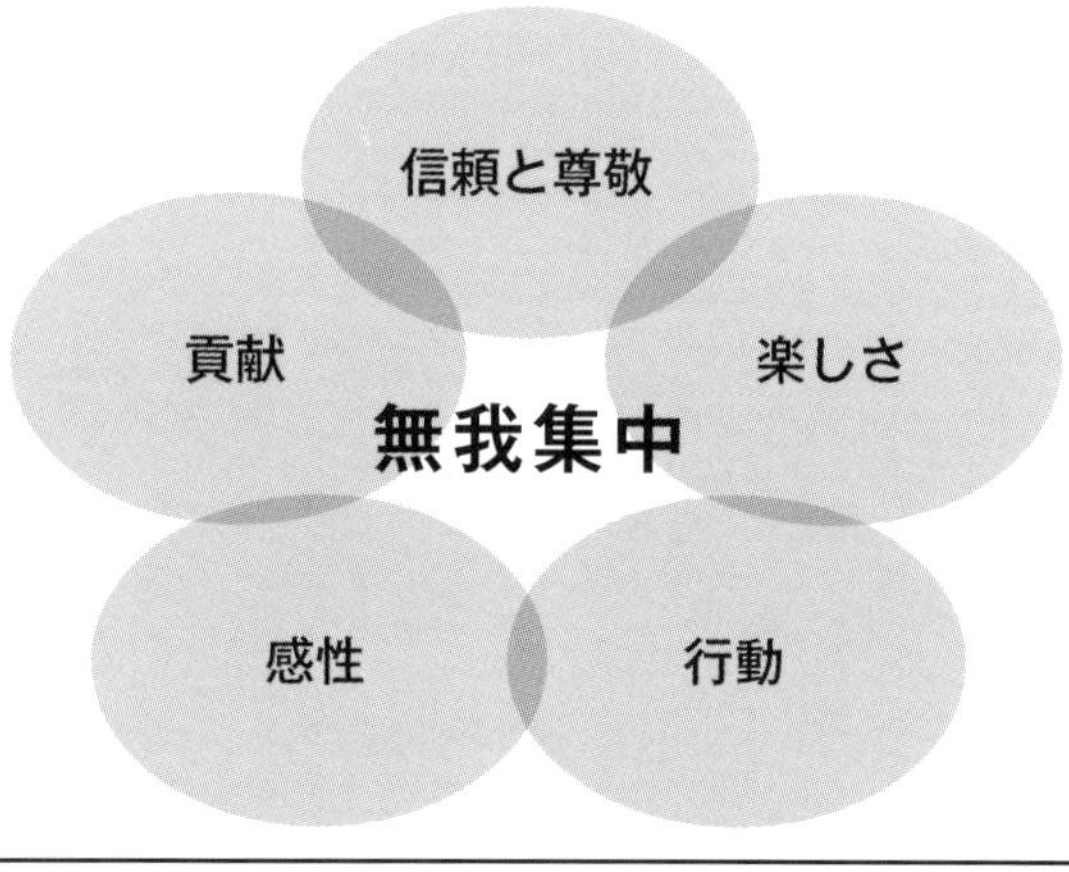

価値観を共有することは、企業広報にも影響する

価値観を共有することを大切にした方がいい理由は、企業の広報対応にも影響するからです。2023年の4月に株式会社スープストックが、「離乳食後期の全店無料提供」の取り組みを発表し、SNS上で批判を集めていました。炎上してしまった理由はさまざまですが、主に「特定の顧客だけを優遇するのはよくない」や「子ども連れが増えるのはいやだ」という意見が見られました。

この騒動の詳細について本書では特に言及しませんが、ここで注目していただきたいのは、スープストック社が騒動を受けて発信したプレスリリースの内容です。そこには、同社の「世の中の体温をあげる」という理念が伝えられ、その理念に基づいて過去に行った取り組みと共に、『私たちは、お客様を年齢や性別、お子さま連れかどうかで区別をし、ある特定のお客様だけを優遇するような考えはありません』とはっきりと記されていました。この一文から伝わるのは、スープストック社が大切している価値観です。この価値観が優れているかどうかではなく、このような価値観を社員が共有し、企業活動全般で反映できていることが大切なのです。

ステップ3の進め方～チームビルディング～

ステップ3では、自分達がなぜ仕事をするのか。あるいはどのように仕事をするのかについて考え、ミッション、ビジョン、行動指針としてそれぞれ定めていきます。これらを決める際は、原則として必ずチームの全員が参加した状態で話し合い、一人ひとりの意見を聞いた上で決定していくようにしてください。リーダーや主要メンバー等、一部の人だけで勝手に決めずに、全員が納得した状態をつくることが大切です。

ステップ3ではチームの結束を強めていく

ステップ3

チームビルディング

- 行動指針を決める
- ビジョンを決める
- ミッション等を決める

ミッションの決め方

最初に決めるのは、ミッションです。ミッションとは、言葉どおり果たすべき使命のことを指しています。使命というとどこか厳かな感じもしますが、自分がなんのためにこの仕事をするのかを言葉にしたものがミッションだと考えてください。チームの場合は、チームの存在意義を表していると考えていただいて結構です。

ミッションを決める際は、自分達はなぜその仕事をするのか。私達はどうあるべきか。あるいはどうあるべきでないのかを聞いていきます。質問はメンバー全員に対して行い、必ず全員が参加できるように配慮してください。

話し合いの初期段階では、いきなり立派なミッションを作り上げようとせず、まずは自分達に共通するキーワードを発見していくつもりで、全員の色々な意見を聞いてみてください。ちなみにミッションは、最終的に誰に何を通じて、どのような貢献をするかがわかる文章へとまとめていくことになります。

ミッションのまとめ方

全員が発言し終え、これ以上アウトプットがなさそうだとわかったら、次に出てきた意見を1つにまとめ、ミッションとなる文章を作っていきます。チームのミッションとして、【私たちのミッションは~です】という文章になるように作成して下さい。この時、ミッションとなる文章は、次の3つの要素が入るようにしてください。

ミッションに必要な要素

（1）誰に（貢献対象）
（2）どんなことを通じて（業務内容など）
（3）どんな貢献ができるか（貢献内容）

これまでミッションを作成したことがない場合は、初めてのことばかりで戸惑うかもしれません。すでにメンバーから出ているキーワードを組み合わせて文章化したり、類似のキーワードはより良いものにならないか等を検討し、模索していきます。文章は一発で決めよう

とせず、いくつか実際に紙に書き出し、口に出してみてください。覚えにくい表現や長すぎる文章だと、なかなか浸透しないばかりか、いつしか忘れ去られてしまう可能性もあります。

ですからミッションは、実際に関わる自分達が心の底からワクワクし情熱を感じられるかどうかを重視します。表面的なミッションではモチベーションが上がらず、形だけのミッションとなってしまいます。ミッションは、組織が自走するための原動力です。「やりたくて仕方ない」「やろう、やろう」と話し合いの中で意見が飛び交うようなミッションができれば成功です。

ちなみに、私が所属しているトゥルーノースのミッションは、『世界で最も優れた情報、知識、変化や学習のプロセスを提供することによって お客様の成功に貢献します。』と定めています。

他にもミッションの例としては、次のようなものがあります。

- 世界中の情報を整理し、世界中の人がアクセスできて使えるようにする（グーグル社）

● 新たな価値を創造し続けることに挑戦し、新しい未来を切り開き、社会の発展に貢献する（アップル社）
● コミュニティづくりを応援し、人と人がより身近になる世界を実現する（メタ社）
● クリエイティビティとテクノロジーの力で、世界を感動で満たす（ソニー社）

ビジョンの決め方

ミッションを定めた後は、ビジョンを決めてください。

ビジョンとは、展望・理想像・未来像という意味があります。ですからチームの方針や展望を伝えるものだと考えてください。よりわかりやすくすると、ビジョンは組織の将来像や実現したい未来を表すものになります。前出のトゥルーノースでは、ビジョンを「世界中の変化を望む人たちが、人生を自分らしく主体的に楽しむための新らしい生き方を提案し、共に実現することである」と定めています。

他にも有名な企業では、ビジョンを次のように定めています。

『テクノロジーを介して何百万人もの人の生活を変える』（アップル社）
『地球上で最も豊富な品揃え 地球上で最もお客様を大切にする企業であること』（アマゾン社）
『21世紀を代表する会社を創る』（サイバーエージェント社）
『世界の人々から最も必要とされる企業グループを目指す』（ソフトバンク社）
『私たちのビジョンは、24時間365日生活のすべてを支えるライフインフラになること』（LINE社）
『ワンクリックで世界の情報へのアクセスを提供すること』（グーグル社）

先ほど例に挙げたのは誰もが知っている企業ばかりでしたが、「ビジョンが必要なのは大企業ばかりで、うちのような中小企業にはやはり必要ないのでは？」と考えるのはやめてください。なぜならば、少人数で結果を出さなければならない中小企業こそ、チームをまとめ、結果が出せる集団として機能させるために必要だからです。

ビジョンがあると、自分達がどの方向を向いて仕事をしたらいいかと迷いが生じた際に、いつでも立ち戻ることができます。日常の仕事が多忙を極めると、自分がなんのために仕事をしているのか、あるいはどこに向かっているのかを見失い、心身のバランスが崩れてしまう人が少なくありません。もちろん過労の状態が続くのはよくありませんが、どのような仕事にも踏ん張らないといけない時というのはあります。例えば、プロジェクトの失敗が続き、なかなか成果を出すことができないなど、チームの全員で苦労を乗り越えていかなければならない辛い時期は、仕事をしていれば誰でも訪れるはずです。追い詰められた時こそ、その道標となるのがビジョンの存在。何を考え、どのように仕事をしているかを思い出すことができれば、自分を見失わずに済むのです。

例えば何かのプロジェクトのリーダーになった場合、リーダーはその任されたプロジェクトを成功に導かなければならないというプレッシャーが常につきまといます。プロジェクトを成功させるには、当然自分1人の力では実現不可能です。

チームメンバーの力を借り、それぞれのメンバーが主体的にプロジェクト成功のために動いてくれるようにするには、これまでお伝えしたようにビジョンを示し、他の人を自分の夢に参加してもらえるように仕向けていく必要があるのです。

ビジョンを考える時のヒント

先ほどビジョンとは、組織の将来像や実現したい未来のことだとお伝えしましたが、考える際のヒントとしては、最長10年後くらいまでを考え、自分達がどうなっていきたいかについて意見を出し合うのがおすすめです。

この時、あらかじめ決めたミッションが何だったかを思い出し、定めたミッションを実現していくには、チームがどうなっていけばいいのか。あるいはどのような目標を目指せばいいのかを考えてみると、いろいろとアイデアが浮かんでくるはずです。

リーダーは、ビジョンを決める際の話し合いでメンバー全員が自分の意見を言えるように促してください。中には人前で発言することが苦手な人もいますが、急かさないよう配慮しながら誘導していきます。

すべてのメンバーから意見が出たら、次はそれらを一つの文章へとまとめていきます。

ビジョンもミッションと同様、見ていてワクワクするようなものが望ましいです。

例えば『テクノロジーを介して何百万人もの人の生活を変える』とビジョンを定めたアッ

プル社は、革新的な技術を搭載したさまざまなアイテムを誕生させ、ファンをいつも驚かせてくれます。このビジョンが実現できたらどんなに楽しいかが想像でき、かつビジョンを見た人のモチベーションが高まるような言葉でまとめられるとより良いものが出来上がります。

行動指針の決め方

ミッション、ビジョンを定めたら、次は行動指針を決めていきます。行動指針とは、ミッションやビジョンを体現する具体的な行動を明文化したもので、業務を行う上での自らの行動やチームの選択、あるいは行動が適切かどうかを判断する基準となります。

行動指針としてよく知られているのは、ディズニーテーマパークで用いられている、SCSEIと呼ばれる5つの行動基準です。SCSEIは、Safety（安全）、Courtesy（礼儀正しさ）、Show（ショー）、Efficiency（効率）、Inclusion（一体性※多様な人材を受け入れ、個性を活かす）の頭文字をとったものです。次にご紹介するのは、実際のディズニーテーマパークにおいてお客様にどのような体験を提供するかが書かれた行動基準です。

Safety（安全）

行動規準の中で第一に優先するのが、〝Safety（安全）〟です。どの施設も技術的な安全には十分な配慮がされていますが、ゲストにとって安全な場所、安らぎを感じる空間を作りだすのはキャストの役目（仕事）です。

Courtesy（礼儀正しさ）

単に、言葉づかいや対応が丁寧なことを示すのではなく、相手の立場にたった、親しみやすいおもてなしのことをいいます。東京ディズニーリゾートではあらゆる年代、様々な国籍のゲストがいらっしゃいますが、〝すべてのゲストがＶＩＰ〟であり、心を込めておもてなしをしています。

Show（ショー）

パーク内のあらゆるものが、テーマショーという観点から考えられ、構成されており、もちろん東京ディズニーリゾートで働くキャストもショーの一部です。期待を持って東京ディズニーリゾートを訪れるゲストのために、「ショーは毎日が初演」の気持ちを忘れずに、ショーを演じています。

Efficiency（効率）

効率は大切ですが、安全や礼儀正しさ、ショーを無視して効率を優先しても、ゲストにハピネスを提供することはできません。安全、礼儀正しさ、ショーを心掛け、チームワークを発揮することで、効率を高めます。

Inclusion（一体性）

さまざまな考え方や多様な人たちを歓迎し、尊重することを示しています。すべての鍵の中心にあり、他の４つの鍵のどれにも深く関わっています。

このように、自分達がどのように行動したら、自分達の力で決めたミッションやビジョンを実現していくことに繋がるかを考えてみてください。ここでもリーダーはチーム全員の意見を聞き、これまでと同様に全体の意見をまとめて文章化してください。

SECTION 05

チームビルディングの成果を実際の仕事に反映させる

チームで決めたことを浸透させる方法

ステップ3で決めた、ミッション、ビジョン、行動指針は、チームにとっての方針です。せっかく決めた方針は、実際の仕事の中でも活かしていけるようにしていってください。ただ、「みんなで決めた方針を忘れないようにしてください」と叫んだだけでは意味がありません。おそらく、ほとんどの人が決めたことを忘れてしまうと思います。

ですから、これまで決めた方針をどのように日常の仕事の中に浸透させていくかという方法までしっかりと話し合います。繰り返しお伝えしていますが、方針は決めただけでは実践されず組織に浸透しません。浸透しなければ組織を改革することができませんから、必ずどのように実行していくかについても決めてください。この時も、どのようなことをすればいいのか全員で意見を出し合い、自分達が現実的に実践できることを決めていきます。

ちなみに、私たちが過去にジェームス・スキナーのセミナーサポートのために作ったサポートチームでは、ミッション、ビジョン、行動指針の浸透のために、ミーティング前や食事前に唱和したり、クレドカードを活用したりしました。ミーティング時など全員が集まる機会を見逃さず、声に出して思い出す機会をつくり、さらにいつでも手元にある状態を作りました。この他にも、全員の目に留まりやすい場所に掲示し、必ず目に入る環境を作るようにすることで半ば強制的に意識づけできるようにする方法もあります。

人はすぐに慣れたやり方に戻ってしまうため、浸透するまではこのように繰り返し触れる機会や環境を用意することが大切です。

プロジェクトごとにチームをつくる

自走型組織をうまく機能させるには、発生したプロジェクトごとにチームをつくり、プロジェクトを進めていくことが大切です。これは、従来のプロジェクトの進め方と大きく異なる点だと思います。

一般的な企業では、どのようなプロジェクトでも同じメンバーで対応することが多いです。例えば、営業部の○○チームの全員で1つのプロジェクトに取り組むというイメージです。でもこの方法だと、プロジェクトに対し「やりたくない」などネガティブな反応を示している人もチームに含まれてしまいます。自走組織で大切なのは主体性ですから、理想は挙手性で取り組むメンバーを決めていくことが望ましいやり方です。ただしこの方法は、組織規模によって難しいケースも少なくありません。ですから無理に取り入れる必要はありませんが、プロジェクトごとにチームをつくることが大切であると覚えておいてください。

CHAPTER

04

組織を引っ張るリーダーが知っておくこと

SECTION 01

チームリーダーの役割を理解する

この章では、チームを牽引するリーダーが知っておくべきことについて説明していきます。自走する組織を作るには、プロジェクトごとにチームを募り、チームビルディングを行ってからプロジェクトを始動させていきます。そして、リーダーもプロジェクトごとに選出することになります。ですから、特定の人がいつもリーダーになったり、管理型組織のように常に同じ人がリーダーになるわけではなく、誰もが平等にリーダーになる機会を得るということです。

従来の組織では、年功序列型でリーダーが決まっていたり、総合的に評価の高い人をリーダーにしたりすることがほとんどです。一方で自走する組織を作る場合は、リーダーの選出方法から変えていくことで、組織のマンネリ化を防ぎ主体性を発揮しやすい環境を構築していけます。

チームとグループの違いを知っておく

リーダーが頭に入れておきたいことは、チームとグループの違いです。本書では、自走する集団組織のことをチームと呼んでいますが、なぜチームと呼ぶ必要があるのかについて説明しておきます。チームとよく似た言葉に、グループがありますが、チームとグループの違いとはなんでしょうか。

チームとは、目標を共有する人々の集団であり、グループとは、仕事を調整し合う個人の集まりです。自走する組織をつくりたい場合は、同じ構成するメンバーが主体的に物事を進める必要があります。その特徴と組織づくりの目的から考えると、グループではなくチームと呼ぶ方が適切です。

チームリーダーの重要な役割とは

さて、ここで改めてリーダーの役割について把握しておきましょう。

先ほどリーダーの役割は、それぞれのプロジェクトを率先して進めていくことであるとお伝えしましたが、その意味はあくまでも進行役の様な位置付けだと考え、管理するリーダーではないことに注意してください。1章で説明した管理型と自走型の組織の違いからもわかるように、自走型組織をつくる上ではチームのメンバーを「管理する」という意識や方法論ではうまくいかないからです。リーダーとはいいつつも、あくまで全体を把握し意見をまとめる役割であり、上下関係を表すものではありません。

自走型組織のリーダーに求められることは、管理ではなく対話です。自走型組織をつくる上では、チームのメンバー一人ひとりの意見を尊重するのが基本ですから、リーダーは率先的にメンバーと対話し意見を吸い上げるようにしていきます。

メンバーとの対話が重要だといっても、ビジネスにおいては即断即決が求められることもあり、対話をしている暇などないと反論したくなる人もいると思います。確かにビジネスの実際の現場では、スピーディーに意思決定が求められることばかりで、その都度チームのみんなと対話をし、意見を吸い上げている余裕はありません。ですが、だからといってメンバ

ーの理解度や納得度の低い決定事項は、結局のところメンバーのモチベーションが高まらず、実行されないという結果を招きがちです。現実問題、これまでを振り返ると、決めたことがなかなか実行されないことが組織の問題として挙がっていたはずです。その根本的な原因は、その決定の中に実行するメンバーたち自身の意思が反映されていないことです。ですから、「実行されない」意思決定の方法と反対の方法を採用すれば、決めたことがきちんと実行されていきます。

SECTION 02

自走するチームづくりに必要な3つのこと

リーダーの役割を理解したら、次にチームを運営するために必要なことについて把握していきましょう。自走する組織文化を作るためのチームを運営するには、安心安全な環境と再現性、そしてリーダーシップの3つが必要です。

①安心安全（環境）

自走型組織には心理的安全性の確保が必要だとお伝えしました。それと同じく、チームにも心理的安全性の確保が求められます。チームのメンバーがそれぞれの意見を発言し、互いに納得できるレベルまで対話を行うには、安心して発言できる関係性を築く必要があります。

具体的にどうやって心理的安全性を確保していけばいいかは後ほどお伝えしていきます。

②再現性（仕組化）

心理的安全性が確保され活発に対話ができるようになったチームでは、決めたことを実践するために日々の行動を変えていく必要があります。しかしながら、いくら決めたからとはいえ、これまでの習慣をすぐに変えることは難しいです。

決めたけれど実践できなかった等、課題があればその都度チームのメンバーで話し合い、工夫を提案するなどして仕組み化し、再現性を高めていきます。

③リーダーシップ

チーム内の対話を活性化させるには、メンバーそれぞれがリーダーシップを発揮することが大切になります。この章では、チームを牽引する人を「リーダー」をいいましたが、リーダーひとりだけが必死になっても組織全体を変えることはできません。

ですから、メンバーそれぞれが自らをリーダーと意識できるような空気を作ります。そのような空気を作るための心がけとして、「Stand & Deliver（スタンド アンド デリバー。以下、スタンド＆デリバーとする）」という言葉を私はよく用いています。スタンド＆デリバーとは、分からなくても、出来なくても、立ち上がって、何かを届けるということ。わからないことでも、恥ずかしがらずに手をあげることに価値を感じ、勇気を出して手を挙げたメンバーを他のメンバーも賞賛するという習慣を浸透させるようにしていきます。スタンド＆デリバーが当たり前にできるようになった頃には、チームの雰囲気はグッといい方向へ変化しているはずです。

SECTION 03

4つの成長期を知り、チームビルディングを攻略する

リーダーとして人を動かす3つの要素について理解したら、次は組織やチームが迎える4つの変化について理解していきます。本書では、自走する組織・チームを作る方法についてお伝えしていますが、本書でお伝えしたことをすべて実践したからといって、チームが即座に変化するわけではありません。チームはある一定期間で段階的に変化していくものだからです。

タックマンモデルとは

チームビルディングを行う場合によく知られている組織・チームの成長段階を示したモデルがあります。そのモデルはタックマンモデルといい、心理学者のブルース・W・タックマンが1965年に提唱した、組織の成長の段階を示したものです。

タックマンモデルでは、チームの成長を「形成期」「混乱期」「統一期」「機能期」という4つの期間に分けています。この期間を一つ一つ乗り越えることにより、チームをより強く、効率的に働かせることができるといわれています。

形成期

4つの成長期の最初は「形成期」と呼ばれます。

「形成期」にはチームメンバーの多くがお互いのことをほとんど知らない状態です。それゆえ「これをいって何かされたらどうしよう」や「いわないほうがいいのかな」と自分の意見をいわずに相手の意見を待つという状況が多く見られ

混乱期を超えると一気に成果が上がる

「タックマンモデル」のイメージ

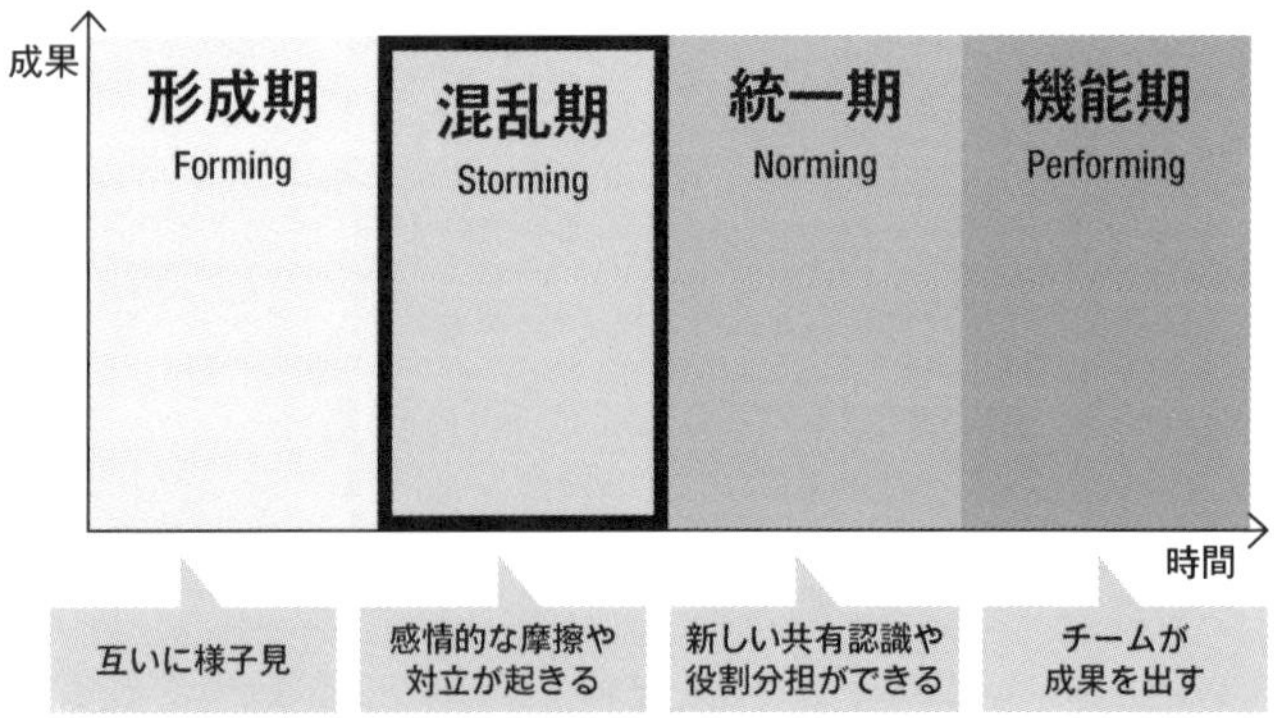

ます。不安と緊張が高まる時期でもあり、本音での議論はできません。多くのメンバーはリーダーに指示や説明を求めようとする傾向も見られます。形成期の状態は、本書で繰り返しお伝えしている心理的安全がまだ確保されていない段階で、お互いに様子見をすることが多くなる期間です。

形成期で大切にしたいのは、相互理解です。

形成期は、チームが作られたばかりの段階ですから、一緒に仕事をする人たちはお互いにどのようなスキルや性格、考え方を持っているかわからない状態です。そのため、メンバーの能力に関係なく、まずはお互いに目標や各メンバーの役割のほか、チームとしての成功イメージを共有することが重要になります。目標の確認や、一緒に仕事をする人の考え方がわかるように、コミュニケーションを取ることを重視してください。3章で説明したステップ2では、チームのメンバー同士で価値観を共有することについてお伝えしましたが、その理由は、この形成期を乗り越えるためでもあるのです。

形成期でやりたいグループワーク

形成期の特徴は、メンバー同士がお互いに対立を避け表面上の対話を繰り広げる期間だといわれます。お互いのことをよく知りませんが、摩擦を起こしたくないという気持ちがあるため、一見すると仲がよさそうにも見えるのがこの期間の特徴です。

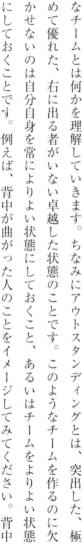

発言の内容も表面的な意見であることが多いのはある程度仕方のないことですが、この期間を乗り越え、チームを次の成長段階へと進めるためにも、まずはお互いのコミュニケーションを図るためのグループワークなどを実践してください。

グループワークでは、主にさまざまな問いかけやワークを通して、アウトスタンディングなチームとは何かを理解していきます。ちなみにアウトスタンディングとは、突出した、極めて優れた、右に出る者がいない卓越した状態のことです。このようなチームを作るのに欠かせないのは自分自身を常によりよい状態にしておくこと、あるいはチームをよりよい状態にしておくことです。例えば、背中が曲がった人のことをイメージしてみてください。背中を曲げたビジネスパーソンと、背筋がピンとのびたビジネスパーソンであれば、どちらのほうがポジティブあるいはプラスの印象があるでしょうか。いわずもがな、後者の背筋がのびたほうです。実際にご自身で行っていただくとわかりますが、姿勢が悪い状態で過ごしていると、気分もどこか落ち込みがちで覇気を失ってしまいます。しかし、その姿勢を正し真っ直ぐ前を向いて見るだけで、気持ちも少し晴れやかになったりします。

姿勢だけではありませんが、このように行動の1つ1つがポジティブかつプラスのものになるよう普段の言葉や体のつかいかたの意識を変えていくのが、この段階におけるグループワークです。

ちなみに、プラスの状態を作るのに必要な要素には「VAK」という3つがあります。Vは視覚（Visual）でプラスの焦点という意味です。Aは聴覚（Auditory）でプラスの言葉。Kは、運動感覚（Kinesthetic）でプラスの身体の使い方という要素です。

プラスの焦点を身につけるワーク

例えばプラスの焦点を身につける場合は、物事をプラスに捉える方法について学びます。リフレームという言葉がありますが、これはある枠組み（フレーム）で捉えられている物事を枠組みをはずして、違う枠組みで見ることをいいます。仮にネガティブな出来事があったとしても、見る角度を変えるとマイナスな出来事もプラスに捉えることができるという考え方です。

プラスの伝え方を身につけるワーク

次のプラスの言葉は、特にフィードバック時などに活用できます。伝え方に工夫をし、よいところに焦点を当てて伝えることを身につけます。具体的には、「よかったところは、～です。更によくするためには、～するといいと思います」という具合です。

一般的には、相手のネガティブなところやよくないところを伝える際に、マイナス部分だけに注目して指摘し、改善案を伝えるという方法をとりがちです。しかしそれだけだと、相手に伝わるのはマイナスな要素のみ。相手のよいところが伝わりません。ですから、たとえ100点満点でなかったとしても、よかったところをまず着目し、よい点をしっかりと伝えてから自分の伝えたいことを「さらによくするには」といういい回しで伝えるようにしていきます。

プラスの体の使い方を身につけるワーク

最後は、プラスの体の使い方も学んでください。

先ほど、姿勢の違いは本人の気持ちや相手に与える印象に影響するとお伝えしましたが、ここではメンバーにそれぞれプラスの体の使い方にはどのようなものがあるかを挙げてもらい、みんなで共有していきます。例としては、上を向く、胸を張る、姿勢を正すなどがあります。

混乱期

形成期が終わると、次に混乱期がやってきます。

形成期とは異なるメンバー同士、互いのことや自分の仕事が少しずつわかるようになって、メンバーの発言に本音が出はじめるようになる時期です。

メンバーそれぞれの目的や目標、進め方にも差が出てくるだけでなく、利害関係なども浮き彫りになってくることがあり、緊張関係になることがあります。もしかしたら、一時的にピリピリした空気になることもあるかもしれません。そのような状態になったら、リーダーはメンバーの意見を聞きながら客観的に分析し、チームをあるべき方向・目指すべき目的へと修正し導いていくようにしてください。

混乱期の乗り越え方

タックマンモデルの4つの成長期のなかでも、最も困難なのは混乱期です。この混乱期を乗り越えられれば、チームは統一され結果が出せるチームへと変わっていきます。ですから、ここで諦めることなく、チームづくりを続けてください。

混乱期を乗り越えるために必要なのは、それぞれのメンバーが不満を溜めないことです。表向きには雰囲気がよく平和そうに見えるチームでも、一部の人だけで集まってチームの他のメンバーの不満を口にするようなことがあってはいけません。ですから、仕事に対する考え方、価値観、個人の事情などをぶつける機会を意識的に設けるようにし、一部の人だけで集まり、集団が割れてしまうことを避けるようにしてください。

お互いの本音をぶつけあうには、やはり心理的安全性の確保が大切になります。チームの心理的安全性を確保するために、リーダーはいつもよりも意識的にプラスの状態管理をする

ようにしてください。ちなみに、チームが混乱期に突入したと思ったら、リーダーはメンバーに気づきを与えたり、軌道修正をしたりするために「私はこうしたい」「私はこう思う」という形でメンバーに自らの意見を共有します。仮にここで「あなたはこうすべき」などと、押し付けるような伝え方をしてしまうと、相手が批判されたと受け取り、自分の殻にこもってしまうことがあります。ですから、主語を「私」とし、自分自身がどのように考えるかを伝えるようにしてください。他者批判を避けて意見交換をすることは混乱期に有効な手段になります。

また、「スタンド&デリバー」の考え方を積極的に用いるといいのもこの混乱期です。スタンド&デリバーの精神は常に持っていてほしい姿勢ですが、心理的安全性がより求められるこの時期には、間違えても大丈夫、批判されることはない、認めてもらえるという意識をチーム内に浸透させることに注力していきます。

統一期

混乱期を乗り越えると、ようやく統一期がやってきます。統一機は、意見の食い違いが生じても、問題の解決を行い、チームとして共通の規範や役割を持てるようになった時期のことです。統一期は、それぞれのメンバーが役割を認識し、またメンバーの考え方も受け入れる状態になっているため、お互いを尊重したコミュニケーションが取れます。個々人が発言をしても、衝突する問題はなく活発に議論されるため、ひとつずつの案件をスムーズに完了できます。比較的安心してプロジェクトを進められる時期ですが、その状態にあぐらをかかず、リーダーはチームの状態を客観的に分析してください。

統一期の異なる意見は、創造のチャンスだと考える

メンバー同士で異なる意見が出てきたときは、第三の案が生まれるときです。第三の案とは特定の人の意見ではなく、メンバー同士で意見を交わすことで生まれるまったく新しい意見のことです。ですから異なる意見があっても互いに批判するのではなく、共通項を探るな

どして全員が納得できる答えを生み出してください。

中でもこの統一期では、先ほどのように模索して生まれた第三の案が創造のチャンスに繋がることが多いです。チームが機能しはじめている段階だからこそ、積極的な意見も出やすく、どんどん話し合いが活性化するからです。

とことんチームで話し合うことで、互いの理解はより深まり、強い信頼関係が結ばれていきます。自分のためだけでなく、仲間のため、チームのため、あるいは会社のためを考え、それぞれが主体的に行動するようになりはじめます。

例えばこの統一期の間に何かひとつのプロジェクトが成功したりすると、チームで共通の目標

徹底的に話し合うことで新しい意見が生まれる

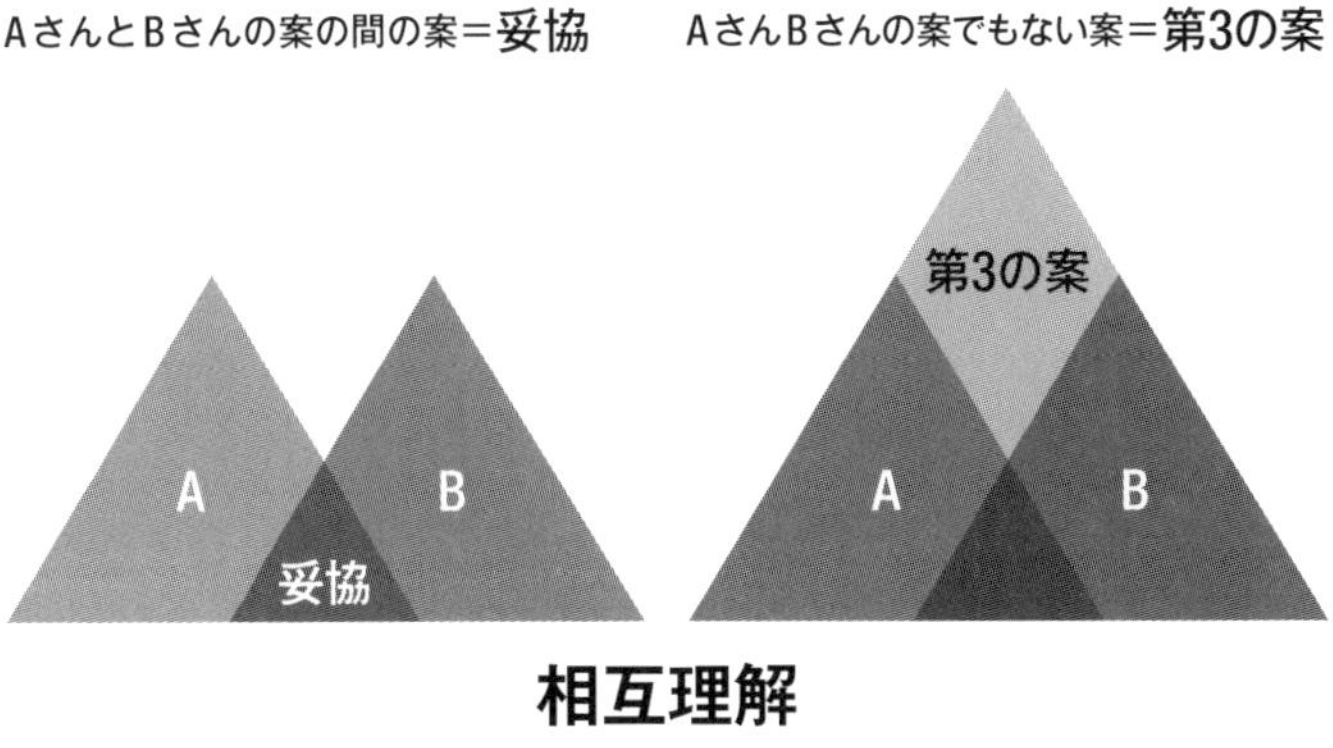

に向かい達成することの喜びを強く感じられるようになり、チームビルディングがますます加速するというようなことが起こります。

機能期

機能期はチームが完全に機能し、成功体験を得られる時期です。

この時期になると、メンバーも自分の役割を認識して個々のパフォーマンスを最大限に活用し、言葉どおり白走する組織、自走する社員になっているといえます。チームとして、どのような規律やルールがあるのか共有できていて、ある程度の成果を収めているため、自信もついているのが特徴です。

チームリーダーは、この機能している時期をより長くキープするため、個々のメンバーを信頼して、必要なときに的確なサポートができるように観察しておきましょう。機能期のリーダーの役割としては、メンバーが仕事を気持ちよく行える状況にしておくことが重要な仕事となります。

4つの成長期を終えたあと

ちなみに、これらの4つの成長期を終えるときは、プロジェクトを終えチームが解散するときです。場合によっては、チームが解散する時期を散会期と呼ぶこともあります。

散会期を迎えられたチームは、すでに目標達成できており、メンバーそれぞれのスキルも向上し、個々人が別の仕事のプロジェクトや必要な部署への移動を行います。このとき、メンバー全員が満足感や達成感を味わっている状態が理想です。チームリーダーとしては、メンバー全体に激励や感想を述べ、次の仕事のモチベーションを上げるようにしてください。

SECTION 04

チームの安心安全性を高める対話のコツ

リーダーが知っておきたい対話のコツ

管理型の会社が多い日本では、リーダーは管理することばかりに注力しています。ある一定のキャリアを構築しマネジメント層になった人のことを「管理職」と呼ぶように、リーダーの仕事は人の管理だと考えられがちです。

本書では人を管理するのではなく対話することが大事とお伝えしましたが、ここでいう対話とはどのようなことでしょうか。これまで対話することへ意識を向けていなかった人に対し、突然対話を求めるのはイメージがわきません。そこで本書では、対話する上で必要な要素を4つにまとめました。その要素とは「傾聴すること」「話すこと」「問いの質を高めること」「心理的安全性を確保すること」です。

（1）傾聴すること

チームのメンバー全員の意見を吸い上げ、個人の能力を最大限に発揮してもらうには人の話にしっかりと耳を傾けること（傾聴）が必要です。傾聴は、カウンセラーやコンサルタント等、人の話を引き出す仕事をしている人たちの間で常に行われていることです。カウンセラーやコンサルタントを目の前にすると、安心して自分のいいたいことを発言できるという人が多いですが、それはカウンセラーがクライアントから信頼され、「この人であれば話してもいい」と認められているからこそ実現することです。

いくら優れたカウンセラーだったとしても、目の前にいるクライアントとの信頼関係が構築できなければ安心してもらうことができず、本音を引き出すことができなくなります。表面的な会話しか行われないので根本的な問題解決に結びつかず時間がすぎてしまうのです。

同様に、リーダーもメンバーの本音の意見を引き出すなら、メンバーからまず信頼される相手だと認められるような関係づくりをしていかなければなりません。傾聴は、その関係づくりをするためにも必要なことなのです。

自分の話をするのはよくても、人の話を聞くのは苦手だという人がいます。そのような人は、つい人の話が終わる前に自らたたみかけてしまう傾向がありますが、もしかしたら自分では思いつかないようなアイデア、あるいは自分では気づくことができない視点を手に入れることができるかもしれないと考えると、人の話を聞くことも楽しみになるかもしれません。傾聴に慣れるまでは意識的に切り替えるなどして工夫してみてください。

ちなみに傾聴の際のポイントは、共感することと表情です。意識的でも無意識的でも、人は話す相手の真剣度合いを見極め、その様子によって自分の対応を変える傾向があります。相手に自分が真剣であることを感じさせ本音で話してもらえるようにするためにも、いきなり批判したり反対意見をぶつけたりするのではなく、相手の発言に対し、必ず一度は共感し肯定をしてください。加えて、対話をしている最中はしっかりと相手の顔をみて話をするようにしてください。

仕事で慌ただしくしていると、目の前の作業に必死になるあまり、心ここにあらずで相手の話を聞き、適当な相槌をしてしまう人もいますが、決してそのようなことのないよう心がけてください。もしもその時に時間が確保できない場合は、そのことをきちんと相手に伝え、後から丁寧に聞くからと断っておきましょう。

(2) 話すこと

傾聴だけでなく、自身がメンバーに向かって想いや考えを話すことも大切です。リーダーとメンバーの間に上下関係がないからこそ、リーダー自身もメンバー同様に自分の言葉で語らなければなりません。例えば、自分が発案したプロジェクトにおいてリーダーを任された場合であれば、なぜそのプロジェクトをやろうと思ったのか等、自分の考えを共有します。発案したプロジェクトを成功させるには、少なくとも共に取り組んでくれる人の理解や賛同を得なければなりません。それだけでなく、関わるメンバーから「実現したい」「成功したい」と思ってもらわなければ主体的にプロジェクトを進めていくことができなくなります。

中には自分のことを話すことに苦手意識のある人もいますが、そのような人でも恥ずかしがらずに発言できるような空気をつくり出します。メンバー全員が恥ずかしがらず、積極的に発言してもらう方法は、このあと4章や5章でもお伝えしていきます。

（3）問いの質を高めること

チームでさまざまな話し合いをしていると、時に本題から脱線したり、自分たちの行いや姿勢について否定的な意見ばかりが出てくることがあります。そのような時にリーダーに求められるのは、発言した人を注意することではなく、質の高い問いを投げかけることです。

質の高い問いといわれても想像しにくいため、具体的なシチュエーションをイメージしながら問いの立て方についてお伝えしていきます。

例えば社内制度の改善案についての話し合いをする際、制度やその活用状況についてメンバーから批判的な意見が出てくることがあります。「せっかく決めたにも関わらず、ほとんどの人が活用していないのはなぜか？」や「〇〇チームの人たちは率先して活用しているが、それ以外のチームではなかったことにされている」等、ダメなところばかりに注目し、現状がいかによくないかを延々と話し合うことになってしまったりします。現状の課題や問題点を挙げ全員で共有することは大事なことですが、問題は、欠点探しや批判に終始しがちになることです。ネガティブな話題ばかりを並べていると、「次は自分が批判されるのではないか」とメンバーを不安にさせ、チーム内の心理的安全性が確保されなくなってしまいます。ですから話し合いがこのような雰囲気になってしまったら、リーダーは話の方向を修正し、ポジティブな話し合いになるようにしていきます。

話の方向を修正する時は、「もっとポジティブな意見をいっていこう」とメンバーに呼びかける方法もありますが、メンバー自らの考えを引き出し全体をポジティブな方向へと舵取りをするには、「そもそも今回はなんのための話し合いだった？」と、目的を聞くなどして本質的な問いを立てていくようにします。もしも無理に結論を出そうとすることで誰かを追求してしまうような空気になる可能性があるなら、無理やりその日のうちに結論を出そうとせずに、時間をかけることも選択肢の一つです。

それぞれの主体性に基づいて機能する自走型組織では、メンバー同士の話し合いはとても重要な時間です。そこで大切なことは、自分の意見を積極的に発言してもらうことですから、表面的な意見ばかりを集めても創造的な仕事にはなりません。創造的な仕事をするためにも、自らの頭で考えた質の高い対話を行えるようにリードしていってください。

（4）心理的安全性を確保すること

メンバー全員に主体的に行動してもらうためにも、リーダーは常にチームの中に心理的安全性が確保されているかに気を配ってください。話し合いをしている最中に意見が割れてしまうのはよくあることです。ですが、メンバーの心理的安全性を大切にするためにも、決して多数決で決めたり、一方的に決めたりすることは避けてください。もし意見がぶつかった時は、徹底的に話し合い、異なる意見が交わりそうな妥協点を探るようにしていきます。そうすることで、両者が納得できる第三の答えが生まれることもあります。

実際に私のコンサルティングの現場でも、メンバー同士の意見が異なり、どうしたらいいのかを迷われることがよくあります。その際に私が行うことは、まずお互いの意見や考えを徹底的にヒアリングすることです。ヒアリングは中途半端なところでやめずに、なぜそう考えるのかについて可能な限り掘り下げていきます。対話をする上で重要なのは、メンバーの中から誰が一番いい意見を言うかを決めることではなく、全員が納得できる着地点を探るという意識です。たとえ意見が真っ向から違っていたとしても、諦めずに根気よく向き合っていく姿勢を忘れないようにしてください。

SECTION 05

全員にリーダーシップを発揮させるために

人を動かす3つの要素とは

誰もがリーダーになれるということは、すべてのメンバーがチームをまとめる力を養わなければならないということになります。しかし、人を動かすのはそんなに簡単なことではありません。多くの人が人を動かすことに苦労し、悩みを抱えています。

人を動かす方法について学ぶ際、参考になる名著があります。紀元前に書かれ約2300年もの長きにわたり読み継がれている、古代ギリシャの哲学者アリストテレスが書いた「弁論術」です。

この「弁論術」には人を説得し動かすためのスキルや在り方、人間心理について書かれており、人を説得し動かすための要素には、①エトス（信頼）、②パトス（感情）、③ロゴス（論理）の3つがあるとされています。

エトスは、話し手の人柄、徳、信頼性を意味します。パトスは感情を意味し、話し手は相手が抱いている気持ちや感情を理解し共感するとともに、感情に訴えかけることが必要だとしています。3つめのロゴスは論理を意味し、論理的、合理的に話の正しさを伝えることが必要だとしています。アリストテレスは、この3つの要素を満たすことで、相手に対して強い説得力を持つことができるといっているのです。

これらの3つの要素は、人を動かす要素として特にセールスやマーケティングで効果を発揮します。例えば、セールスを成功させるには、「正確で丁寧な対応をする」「実績やお客様の声を示す」など、お客様から信頼を得る必要があります。ただ、実際に商品を購入していただくとなると、お客様の信頼を得るだけでなく商品に関心を持っていただき、お客様の「欲しい」という感情を動かさなければなりません。

感情を動かすために大切だといわれているのが、ストーリーです。商品ができるまでのストーリーや商品を購入された他のお客様が喜んでいるストーリーなどを伝えることで、目の

前のお客様が「もし自分がその商品を購入したらどんなにいいか」を想像させ、感情を動かすのです。

お客様の感情が動いたら、今その商品を買うことの必要性を論理的、合理的に説明します。そのために重要なのが、「理由」と「数字」です。なぜこの商品が必要なのか、その理由を説明し、得られるメリットを数字で表現していきます。

このように、3要素を意識したコミュニケーションをとることで、セールスやマーケティングの効果を上げることができます。この3要素は経営・ビジネスにおいて成果を高める上で押さえておきたい人の心の原則なのです。

誰もがリーダーになれるチャンスがある

組織文化を作るためのリーダー選びは、経営者が信頼できる人をリーダーにするのがふさわしいですが、さまざまなプロジェクトのリーダーは、そのプロジェクトの発案者に依頼します。例えば1対1の面談などで「○○という取り組みをやってみたい」といい出した人がいたとしたら、それを発案した人にリーダーにならないかと声をかけるのです。
必ず発案者でなければいけない理由は特にありませんが、これまでのコンサルティングの経験上、発案者がリーダーを努めるのが一番うまくいくことがわかっています。

いい出しっぺをリーダーにするといいのは、発案者だからこそ最後まで責任をもち、主体的に行動するようになるという点です。これは、普段リーダーにふさわしくなさそうに見える人でも同じです。自分の意見が採用され、責任のある役割を与えられれば、それが誰であってもやりがいを感じ物事を進めるようになります。反対に、いつまで経っても自分にはチャンスが訪れず、いわれるままにしか仕事ができていない人の場合は、「どうせ自分のやりたいことはできない」と後ろ向きな姿勢になったり、非協力的な態度をとったりするようになります。いくらやりたいことがあっても、制限がいくつもあると、のびのび仕事ができず創造的になれません。ですから、現在の組織を受け身な組織から自走する組織へと変えていきたければ、どのメンバーにも一定の権限を与えられるような仕掛けが必要なのです。いい出しっぺがリーダーになれるとわかれば、アイデアを持っている人は積極的にその機会を利用しようとします。

経験の少ないリーダーなら、先輩がサポートする

もしも新人社員や経験の少ないメンバーがリーダーになった場合は、先輩がサポートするなどしてリーダーを支えるようにしてください。いくら誰もがリーダーになれるといっても、やはり経験には差が出るものです。「リーダーなのだから、努力して足りないところを埋めるのは当然」といいたくなるかもしれませんが、大切なのはチームで仕事をすること。みんなで1つの目標を達成させることです。

未熟なところが多いと感じる人には、リーダーの自尊心やモチベーションをくじかないように配慮しながら、必要なところをサポートするようにしてください。

若手社員発案でSNS採用の導入も

自走組織では、プロジェクトごとにチームを作るものだとお伝えしましたが、そのメリットは誰もがリーダーとして自分のアイデアを実現させるチャンスがある環境を作り出せることです。

1章では、昨今、人材採用が難しくなっているという話をしましたが、一方でＳＮＳを活用した採用をうまく取り入れている会社は、小さな会社でも応募者数が急増するような状況を作り出せています。自社のＳＮＳアカウントを活用して求職者にＰＲするので、採用コストの削減にも繋がっています。

こうした斬新なアイデアは、従来の採用のやり方を踏襲していては到底思いつかないことです。しかし、誰にでもアイデアを実現できる環境を用意するからこそ、現状を打破するような取り組みも実現するのです。

CHAPTER

05

結果が出せる
チームは
何をしているのか

主体的になれるチームの習慣とは

組織を変えるには習慣化が欠かせない

リーダーとなるために必要なことを理解したら、次は具体的にチームのメンバーに対するアプローチの方法について学んでいきます。

本書では、ミッションやビジョン、行動指針をはじめ、基本的にはチームのメンバー全員で話し合い、決めていくことを推奨しています。しかし、いくらチームのみんなで決めたことであっても、いざ実行に移すとなると思い通りにいかないこともあります。組織変革の初期段階では、「こうしていこう」と全員で決めたことでも、スムーズに実行されないことがあるからです。例えば、あるルールを決めたとしてもその存在を忘れてしまったり、覚えているけれどつい以前のやり方を選んでしまったりと、人のクセあるいは組織に染み付いたクセが矯正されるまでには時間がかかります。

ただ、そうはいってもこれまでのやり方を少しずつ変えていかなければ変革を起こすことはできません。自分達で決めたことを確実に実行し、定着させていくにはまず普段の習慣から見直す必要があります。

参加なければ決意なし

チームがうまく機能していない会社で多いのは、プロジェクトの当事者であっても話し合いに積極的に参加する人としない人がいることです。参加しない人というのは、例えばプロジェクトのメンバーに抜擢されたにも関わらず、いわれたことをやるだけ、会議には出席するだけというような常に受け身な人です。そのような人が1人でもいるとチームの主体性が失われていってしまうので、チームに入ったからには自ら積極的に参加するものだという意識づけからはじめなくてはなりません。

自発的に行動させるためには、まずはあれこれ難しく考えずに参加することが大事と考え、とにかく場に馴染んでもらうことが大切になります。特にリーダーは、これまで会議で発言したことがない人にもきちんと問いを投げかけ、何か発言してもらうようにしてください。私がコンサルティングでよくお伝えする言葉に「参加なければ決意なし」という言葉があります。これはプロジェクトに参加しなければ自らの中に「やろう」という強い意志が芽生えないからです。

結局のところ、何かに取り組みそれを持続させるには忍耐も必要です。でも、自分の中に「やろう」という意志や決意がなければ、困難が訪れるたびに諦める選択をしてしまうのが人間です。自走する組織を作るなら、決意が必要です。でもその決意を引き出すには、とにかく参加していくしか方法がありません。

スタンド&デリバーの精神を大切にする

自走する組織を作る上では、特定の誰かがいつもリーダーを努めるのではなく、プロジェクトの発案者がリーダーになることが大事だとお伝えしました。ただ、あくまでもチームをスムーズに運営する上ではチームリーダー役となる人が必要になりますが、だからといって

他のメンバーは従属的になる訳ではありません。主体的に考え行動できるようにするには、メンバーの1人ひとりがリーダーとしての責任感や意識をもち、プロジェクトに取り組む必要が出てきます。

そのようなことをメンバーに求める場合に大切なのは、メンバーに失敗する勇気を持ってもらうことと、メンバーの取り組みを賞賛あるいは受容する習慣です。私たちのコンサルティングでは、スタンド&デリバーという行動基準をお伝えしていますが、これは、1人ひとりがリーダーとしての自覚をもち、それぞれが積極的に行動できるように困っている人がいたり、助けを求められたら即座に手を挙げ、駆けつけるという姿勢を行動指針としています。

このスタンド&デリバーを用いて、必要なときには即座に手を挙げ、駆けつける姿勢が評価されると、発言の内容や行動の内容などの正解を求めるのではなく、姿勢を求めているのだとメンバーに対して意識づけができ、間違えてはいけないというプレッシャーを下げることができるのです。

例えばあなたがチームのメンバーだった場合、リーダーから「○○についてどう考えますか？」と問いかけられたとします。この時、あなたの中にはあなたなりの考えがありますが、自分の考えが正解なのか、あるいは他のメンバーから理解や賛成が得られるかどうかばかりが気になってしまうのではないでしょうか。

この状態で、あなたは自分の考えを堂々と共有できるでしょうか。一般的にいえば、人は他人からどのように思われるか気になると、自分の考えよりもみんなにとっての正解を答えようとする傾向があります。ですが、それはあまり望ましい状況ではありません。本当は、本音や率直な意見が聞きたいのに、みんなが求める正解を答えようと意識してしまっては、せっかくの話し合いが意味を成しません。より質の高い話し合いを実現させ、それぞれのメンバーが自分の考えに自信を持てるようにするには、正解しなくてもいいという空気を作ることが大事なのです。

私がサポートするコンサルティングにおいては、チームのメンバーが、問いかけに対し「わかりませんが、スタンド&デリバーで手を挙げました」と挙手し発言する場面が頻繁にあります。まずは、正解することよりも参加することに重きを置くことで、とにかく参加しようという姿勢を見せてくれるメンバーが多くいます。

会議や話し合いは、全肯定の心で臨む

スタンド&デリバーの精神を浸透させるには、チームのメンバーがチームに対し心理的安全性を感じていないと難しいです。心理的安全性を高めるには、メンバーが参加することをポジティブに捉えられるよう、常に全肯定の心でいることが大切です。

全肯定というのは、相手が何をいっても肯定し丸ごと受け入れることではありません。破茶滅茶な要求もすべて受け入れてくださいという意味ではなく、発言や行動したという事実を肯定的に受け取り、賞賛もしくは承認することをきちんと相手に伝えるという意味です。

これまでであれば、部下やチームのメンバーの間違った発言や行動に対し、注意もしくは批難していたかもしれません。もしかしたら、いきなり怒鳴るようなこともあったかもしれません。ですが、そのままではメンバーが「間違ったら怒られるのだろう」「今度は自分が怒られるかもしれない」と萎縮してしまいます。当然ながら注意すべきことはしなければなりませんが、注意の仕方で印象が変わり、相手が肯定的に捉えることもあります。

クレドカードを活用し、常に意識できる状態を作る

チームの習慣として大事なのは、自分達が決めたことを忘れずに実行できるような仕組みを作っておくことです。結果が出せるチームに共通していることは、チームの全員が同じ目標と共通の価値観を持っているだけでなく、それに基づいた行動や考えが常時できることです。読者の中には三日坊主で決めたことがなかなか続かないという人もいるかもしれませんが、それはけしてあなたが続けられない人なのではなく、習慣に変わっていないことが原因です。

誰にとっても、一度ついた習慣を変えるのは大変なことです。ましてやチームや組織に馴染んでしまった習慣を変えるのは、かんたんなことではありません。チームは最低でも複数、多い場合では数十人以上になるわけですし、リーダーにしても自分の仕事がありますから、全員の行動を常に把握することは難しいです。というよりも、自走する組織へと生まれ変わらせるわけですから、むしろリーダーが見ていなくても1人ひとりが自分で考え行動できるようにならなければいけません。

では、そのような状態にするにはどうするのか。それは、クレドカードという存在が非常

に役立ちます。クレドカードは、本書でこれまでお伝えしてきたビジョンやミッション、行動指針、チームの価値観などが書かれているカードです。チームビルディングを行う上では、このようなクレドカードを全員が携帯し、いつでも確認できる状態にしておくことで意識づけをしていきます。

ゴールアライメントを唱和する

先ほど紹介したクレドカードは携帯するだけでなく、それを見ながら全員で唱和することもおすすめです。実際のチームビルディングでは、1日に5、6回ほど唱和する時間を設け、その都度自分達はなんのために仕事をしているのか

クレドカードの見本

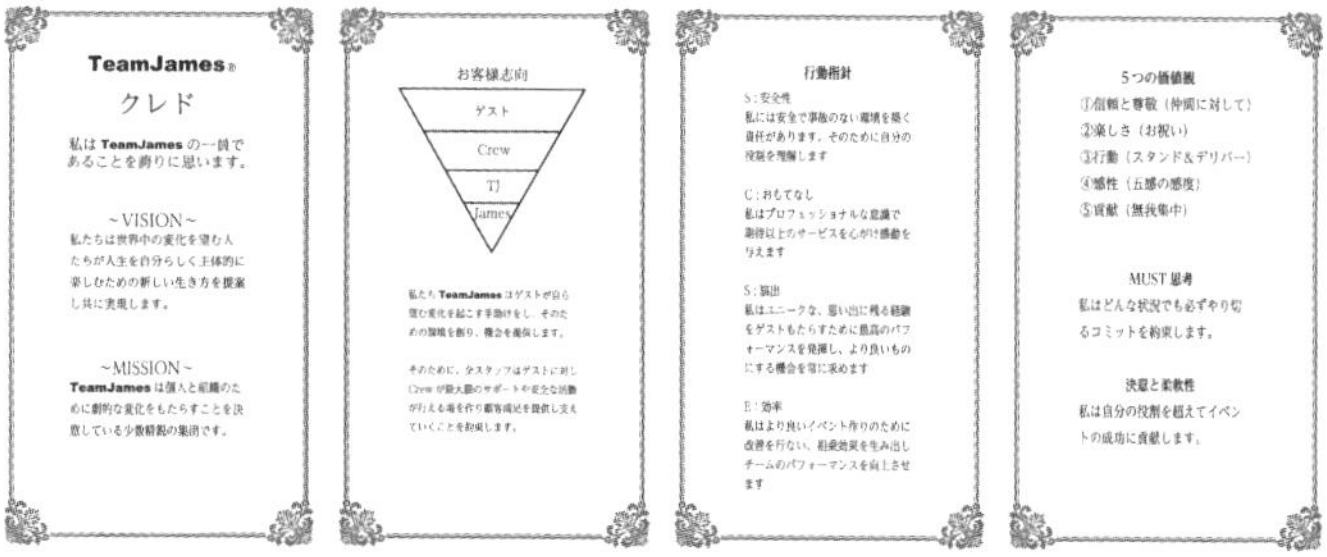

や、どのような行動をすべきなのかを思い出すようにしてもらっています。

このとき、特に大切なのはゴールアライメントです。

ゴールアライメントとは、チームで目指すゴールをまとめたもので、主な項目として「チームで得たい結果」「中心的な質問」「アイデンティティ」というものがあります。チームで得たい結果についてはわかりやすいですが、中心的な質問とはなんでしょうか。中心的な質問とは、チームの状態が悪くなったときに、初心に帰るための質問のことです。この質問については、ステップ2のチームの価値観を話し合う際に一緒に決めておくとよいでしょう。また、アイデンティティについては、自分達が顧客にとってどのような存在でいたいかを文章化しておきます。「チームで得たい結果」「中心的な質問」「アイデンティティ」はすべてチームのメンバー全員で決めますが、それらを1日に複数回思い出す時間を作るのです。

そのようにすることで、次第にチームの習慣としてゴールアライメントの唱和が当たり前になっていきます。ゴールアライメントの唱和が当たり前になってくると、次はその内容を各自が覚えるようになっていき、チーム自体がより活性化することに繋がります。

SECTION 02

コミュニケーションタイプを知り、チームを活性化させる

どんな人ともコミュニケーションがとれるようにしよう

主体的になれるチームの習慣が何かを理解したら、次はメンバー1人ひとりとのコミュニケーションを活性化させる方法を学んでいきます。

敢えて言うまでもありませんが、会社にはいろいろな価値観あるいは性格の人が集まっています。自分とよく似た人もいればそうでない人もいますが、自分の気分や好みだけでチームのメンバーを選出するのは、ビジネスとしてはふさわしくありません。そもそも、そのようなメンバーの選び方はチームビルディングの考え方とは異なります。自分の好きな人たちだけとうまくやれればいいという考えがある人は、これからお伝えするコミュニケーションタイプを知れば、その考えが変わるはずです。

ソーシャルスタイルとは？

人はそれぞれ価値観や性格が異なりますから、自分がよかれと思ってした言動が思わぬトラブルや誤解を招くこともあります。あなたもこれまでの経験の中で、そうした経験が一度くらいはあるのではないでしょうか。そうしたコミュニケーション上の誤解やトラブルを避けるには、それぞれのソーシャルスタイルに合わせたコミュニケーションを行うことで解決します。

「ソーシャルスタイル」とは、1968年にアメリカの産業心理学者であるデビッド・メリル氏とロジャー・リード氏が提唱したコミュニケーション理論です。ソーシャルスタイルでは、誰でもコミュニケーションのクセ、つまり周りが認める個人の習慣化した言動パターンがあるとし、このコミュニケーションのクセからその人の価値観のヒントを探ることで、相手と信頼関係を築くきっかけを作ることができるとしています。

ソーシャルスタイルでは、「主張性（思考表現度）」と「反応性（感情表現度）」という人の価値観のヒントを探る2つの尺度があります。この2つの尺度を次の図のようにマトリクスにすると、「ドライバー」「エクスプレッシブ」「アナリティカル」「エミアブル」の4つのソーシャルタイプに分けることができます。

自己診断をしてみよう

この4つのソーシャルタイプのうち、自分がどれに該当するかは、次に紹介する質問に答えることで判明します。まずは、自己診断でAからDまでそれぞれ10項目の質問に答えてみてください。

【自己診断（A項目）】

1：嫌なことは嫌と、はっきりいうようにしている

4つのソーシャルスタイル

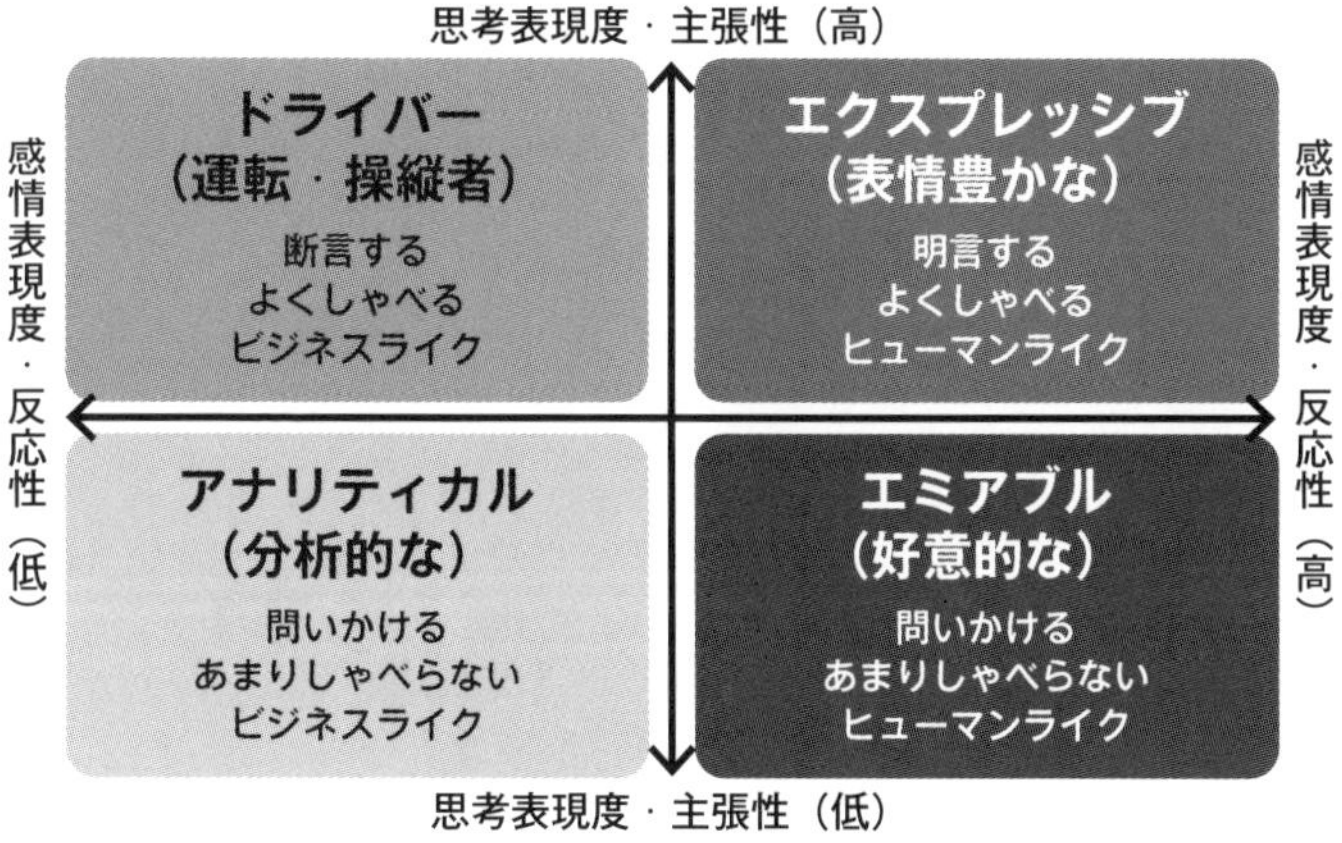

2：よい結果こそが、関わる人を幸せにする
3：競争心が強く、負けることが許せない
4：他人の欠点や怠慢が気になる
5：几帳面で完璧主義だと思うことがある
6：思い通りにならないとイライラする
7：人に任せるより自分でやったほうがうまくいくと思う
8：短い時間にできるだけ多くのことをしようとする
9：デザインより機能性や効率性を大事にする
10：心許せる友人が少ない
Yes合計点：　点（各1点）
No合計点：　点（各3点）

自己診断タイプ確認

自己診断A～Dのポイントをここ⬇に入れてください

A	ドライバー	20	−	Aポイント	＝	点
B	アナリティカル	20	−	Bポイント	＝	点
C	エクスプレッシブ	20	−	Cポイント	＝	点
D	エミアブル	20	−	Dポイント	＝	点

上の表のポイントを下の表の該当部分にマークしてください。↑を↓に

		-10	-9	-8	-7	-6	-5	-4	-3	-2	-1	0	1	2	3	4	5	6	7	8	9	10
A	ドライバー																					
B	アナリティカル																					
C	エクスプレッシブ																					
D	エミアブル																					

ポイントが最も高いのがあなたのメインスタイルで、次に高いのがサブスタイルです

あなたのメインスタイルは？	あなたのサブスタイルは？

【自己診断（B項目）】

1：意思決定はデータをできるだけ多く集め検討する
2：知らないことは人に聞かず自分で調べる
3：感情が表情に出にくい
4：プランニングやプロセス開発をするのは得意
5：リアルに尊敬する人は自分の専門分野の権威
6：絶対に失敗しないように準備する
7：自己主張してくる人が苦手
8：人から影響されることはあまりない
9：自己主張する必要も機会もあまりない
10：自分の専門性を高めるための努力を続けている

Yes合計点：　点（各1点）
No合計点：　点（各3点）

【自己診断（C項目）】

1：衝動買いをして後悔することが多い
2：人に注目されるのが好き
3：流行に敏感で手を出すのが人より早い
4：飽きっぽい
5：人の話を聞くよりも自分が話すほうが多い
6：時間を守ることが苦手
7：未来に対してあまり不安がなく、今を楽しめる
8：夢や目標は大きくないとやる気にならない
9：人の評価に関心が弱く、自分はいつも幸福だと思う
10：服はTPOより気分で選ぶ

Yes合計点：　点（各1点）
No合計点：　点（各3点）

【自己診断（D項目）】

1：人からものを頼まれると断れない
2：人からの評価が気になる
3：自分より他人の希望を優先していることが多い
4：他人に奉仕することを大切に感じている
5：自分と他人をよく比較する
6：モノを名前や〝ちゃん〟づけで呼ぶことがある
7：何かを決めるときに人の意見を大切にし、影響を受ける
8：友達が他者と親しげに話をしていると、嫉妬を感じる
9：人のためにしたことに感謝されないと強く悔しい
10：友人、知人の誕生日を大切にする

Yes合計点：　点（各1点）
No合計点：　点（各3点）

ＡからＤそれぞれの項目に回答したら、YesとNoでそれぞれ点数を計算し、Ｐ１６６の表を埋めてみてください。表に点数を記入し、ポイントが最も高いのがあなたのメインスタイル、次に高いのがサブスタイルとなります。

SECTION 03

4つのコミュニケーションタイプを理解する

4タイプの違いを知り、相手への理解を深めよう

それぞれのソーシャルスタイルは、次のような特徴があります。

タイプ1：ドライバー

ドライバーは、合理的に物事を達成していく傾向にあり、プロセスよりも結果を重視するビジネスライクな性格です。決断力に優れており上昇志向も高いです。自分の意見を主張しつつも感情を抑える人も多く、やや固い言葉を使って無駄な話を多くしません。人によってはぶっきらぼう、衝突が多いタイプと見られるときもあります。

ドライバーは経営者にも多いといわれています。戦国武将にたとえると織田信長、ドラえもんのキャラクターに例えるとジャイアンのタイプです。

タイプ2：アナリティカル

アナリティカルはいわゆる分析型の人のことです。感情表現や主張は控えめですが、時間やデータ、事実を重んじる傾向にあり、理路整然としています。会議でも進んで発言することはなく、どちらかといえば冷静に話を聞いているタイプですが、ゆっくりと順序だてて話すことが得意です。

戦国武将では明智光秀、ドラえもんのキャラクターではスネ夫にたとえられます。自分のなかでじっくり物事を考え、感情に振り回されず物事の本質を見抜く力を持っているのです。

タイプ3：エクスプレッシブ

エクスプレッシブは声や態度、感情などを大きく表現するタイプです。仕事においては効率や成果よりも人間関係を優先する傾向にあります。雰囲気を明るくできるムードメーカー的な存在で、流行や話題性にも敏感です。チームに新しいメンバーが入ってきても問題なくコミュニケーションが取れるタイプで、みずから先頭に立って人を率いる傾向にあります。

戦国武将でいうと豊臣秀吉、キャラクターでいうとドラえもんのタイプです。

タイプ4：エミアブル

エミアブルは、相手の意見に身を傾け、自分が注目されるよりも全体の調和を重視するタイプです。戦国武将では徳川家康、ドラえもんのキャラクターではのび太くんがこのタイプです。

親しみやすい雰囲気を持っており、ソフトな話しぶりで柔らかい言葉を使います。周囲を励ましたりサポートしたりすることが得意な一方、優柔不断な一面もあります。マメに情報を共有して「チーム力」を支えるこのタイプは、日本人に多いタイプといわれています。

ソーシャルスタイルの注意点

ソーシャルスタイルは、異なる価値観の人を

それぞれのコミュニケーションスタイル

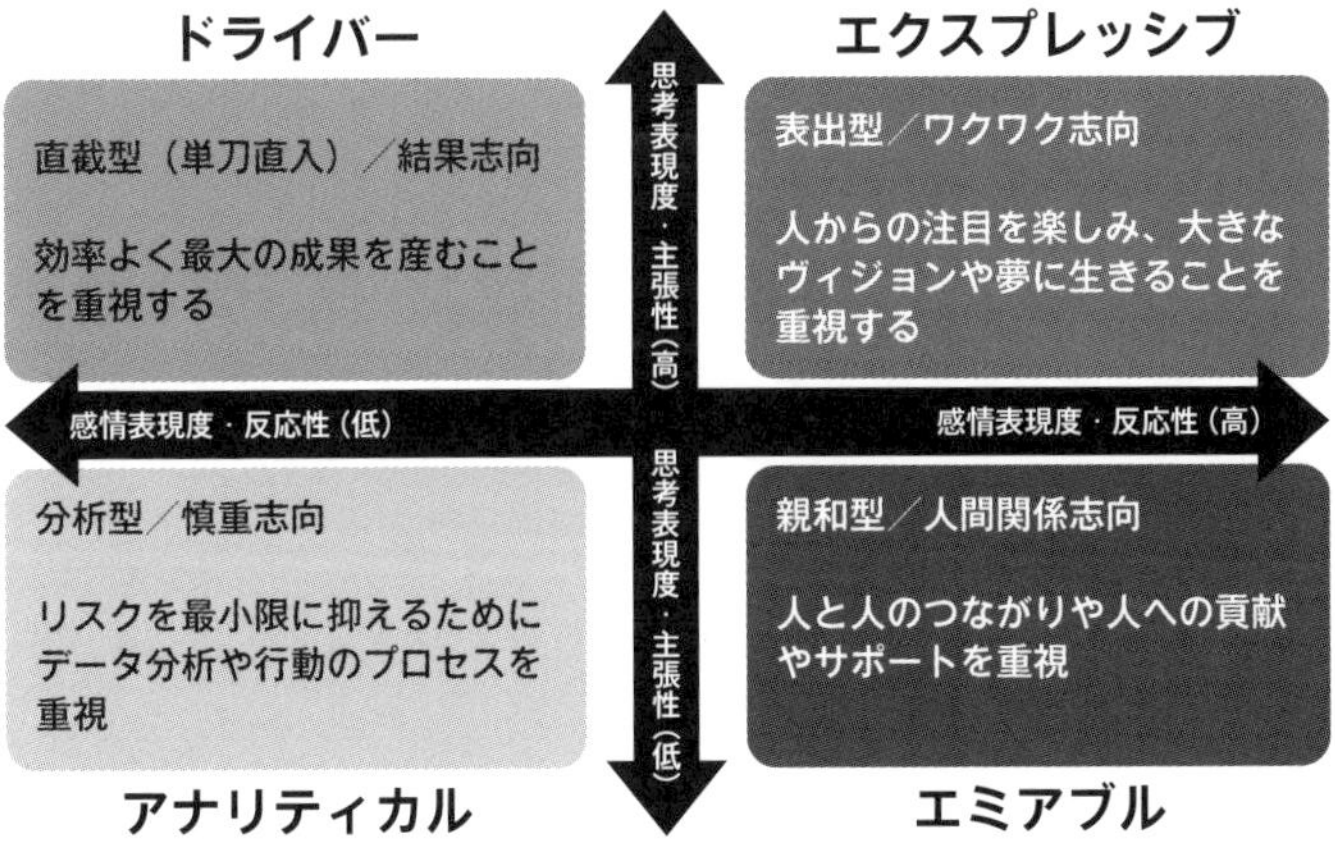

理解しコミュニケーションを円滑にするためにぜひ用いてほしい考え方ですが、取り扱いには十分注意してください。４つのソーシャルタイプがありますが、これらの分類はどれが優れているかを明らかにするものではなく、タイプの傾向を把握するためのものです。ソーシャルスタイルを活用する際には、次の６つに注意しながら活用してください。

（1）タイプに良し悪しはない
（2）全ての人が異なる価値観を持っている
（3）優先順位があるだけ
（4）あくまで相手の価値観を推し量るヒントであり、分類することが目的ではない
（5）第一印象で固定せず、コミュニケーションをとりながら修正する
（6）自分のタイプを変える必要はなく、自分のスタイルで相手の心地よい対応を考える

SECTION 04

各タイプの言動タイプを知る

タイプの違いを知り、普段の言動の傾向をつかもう

さて、4つのソーシャルタイプがあることを理解したら、それぞれのタイプの普段の言動がどのようなものになるかを理解していきましょう。他人とコミュニケーションをとっていると、「なぜそのような態度をとるのか?」と戸惑うことも少なくありません。そのようなとき、「私だったらこうするのに」とか「もっとこうしてくれたらいいのに」と感じることがありますが、多くの場合は相手のタイプを理解できていないからこそ、そのように感じてしまうのです。

もしもソーシャルタイプを知り、相手がどのような価値観を持ちやすく、どのような言動をして表現しようとするかがわかれば、「きっとこの人は、このように考えているのだろう」と相手を理解できるようになるはずです。不要な衝突や誤解を避けるためにも、チームの全

員で取り組んでみてください。

タイプ1：ドライバー

プロセスよりも結果を重視するドライバーは、効率的であることや結果を出すことに価値を感じる傾向があります。ドライバーにとってやる気が出るのは、支配権を得られることや勝利することです。反対に苦手なことは、非効率的・非生産的なことや思い通りにならないことへの対応です。

普段の表情は毅然とし、険しい表情を見せていたり、キッパリした態度をとることが多いです。会話の初期では、口火を切る役割になることが多く、アイスブレイクはなしで単刀直入に会話を進める傾向もあります。社交辞令的な話題があっても極めて短く、「早速ですが」と早々に本題へ入ろうとします。

代表的な言葉

思考を表す言葉や結論を求める言葉、断定的な表現が多い。

単刀直入に「こう思います」「ご用件はなんでしょう?」など。

会話の姿勢

腕組みや真っ直ぐ向き合う姿勢で、断定口調や説得口調が多い。
仕事や将来の利益についてを語ることが多く、会話を結論に向かわせることが得意。

タイプ2:アナリティカル

リスクを最小限に抑えたがるアナリティカルは、ドライバーと違いデータ分析や行動のプロセスを重視します。アナリティカルにとってやる気が出るのは、スペシャリストであることや失敗しないことに取り組むときです。失敗することに強い抵抗があるアナリティカルは、自分のペースやプロセスを乱されることを苦手としています。

普段の表情はクールで、ポーカーフェイスな印象を持つ人が多いです。会話の初期では、間を取る傾向がありますが、アイスブレイクはあまりせず専門的な話題を極めて短く行う傾向があります。

代表的な言葉

論理的な言葉、几帳面で丁寧な言葉が多い。

「それについては、こちらのデータで説明させていただいていいですか」など。

抑揚は弱く、単調で冷静沈着な話し方をする傾向がある。

会話の姿勢

専門的な話題を好み、落ち着いて話す。

タイプ3：エクスプレッシブ

人からの注目を楽しみ、大きなビジョンや夢に生きることを重視するエクスプレッシブは、自分や人が楽しむことや、影響力のあることが好きで、そのようなことが得られることに対しやる気や実力を発揮します。人を巻き込んだり、場を盛り上げたりすることは得意ですが、細かいことや退屈なこと、あるいは面倒くさいことは苦手で、関わることを避ける傾向があります。

エクスプレッシブもドライバーと同様に会話の初期では口火を切るタイプですが、アイスブレイクでは自分の感情や新規性のある話題、楽しい雰囲気をつくる話題を好む傾向があります。感情表現が豊かな人が多く、喜怒哀楽をしっかり顔に出すタイプです。

代表的な言葉

感情（喜怒哀楽）想いを表す言葉が多い。
「それやりたい！」「それ嫌いです」「嬉しいー！」など。

会話の姿勢

会話のスピードは極めて速く、身振り手振りなどの動きがあったり、話し方に抑揚がある。
また、楽しい話題が好きで、人に影響を与えたり巻き込んだりして会話を進めていくことが多い。

タイプ4：エミアブル

相手の意見に身を傾け、自分が注目されるよりも全体の調和を重視するエミアブルは、人との繋がりや人のサポートを重視する傾向があります。そんなエミアブルのやる気が出るときは、人から承認されたり感謝されたりするときです。反対に、人からどのように思われるかを気にする傾向が強く、人から嫌われたり否定されたりすることを避けたいと考えています。

会話の初期の傾向は、間を取りながら聞き役に回ろうとします。アイスブレイクは人間関係を築こうと努力する傾向があり、訪問や時間を取ったことへの感謝や労いも欠かしません。

代表的な言葉

人に配慮する言葉や、丁寧な言葉が多い。

「ありがとうございます」「それいいですね」「お会いできて嬉しいです」など。

会話の姿勢

会話のスピードはゆっくりで、相手に与える印象は、笑顔、穏やか、優しい、和やか。

人間関係や人のことについて語ることを好み、人の期待・想い・評価を知ろうとする。

SECTION 05

各タイプへの対応方法をマスターする

対応方法をマスターするワーク

4つのソーシャルタイプそれぞれの傾向を把握したら、各タイプへの対応方法を学び、より理解を深めていきます。ここでは、普段コンサルティングの中で実践しているワークを紹介します。

ソーシャルタイプへの対応ワーク

(1) 他者診断をする

チームの中で2人1組のペアを作ってください。

ペアができたら、まずはソーシャルタイプの他者診断をしていきます。

他者診断では、お互いに相手のソーシャルタイプが何かを考え、伝え合ってみてください。

相手のタイプを伝えるときは、「私は○○さんのタイプは■■だと思います。なぜなら、……だからです」と伝えていきます。

このときに、自分のソーシャルタイプの診断結果を相手に伝え、自己診断と他者診断が合致しているかどうかを確認してみてください。間違っていても特に問題はありません。他者から自分がどのように見えているかを確認する機会としてください。

(2) ワークを実践する

次に、先ほど伝え合ったソーシャルタイプを意識しながら、相手のソーシャルタイプに合わせた伝え方を練習していきます。ここで行うワークは、相手に「英会話」を学ぶことを勧めてみるワークです。伝え方を工夫し、相手が英語を学びたくなるようにやる気を引き出してみてください。

(3) ふりかえり

ワークを実践し終えたら、互いにどのような印象だったかを伝え合い、気がついたことを全体にも共有してください。

ソーシャルスタイルをチームのマネジメントに取り入れよう

人間関係に関する悩みはどんな人にも起こりうることですが、このように相手のソーシャルタイプを意識してコミュニケーションを図ることで、コミュニケーションが活性化したり、より相手のいいところを引き出せるようになったりします。

ソーシャルスタイルをチームのマネジメントに活用すれば、相手や状況に応じた臨機応変な対応力が身につき、業務を効率的に進められるでしょう。それぞれのソーシャルスタイルは、不足している部分を互いに補える関係性となっているからです。

CHAPTER

06

自走する組織をさらに進化させる

SECTION 01

動き始めたチームや組織を軌道に乗せる

チームビルディングは点ではなく線で考える

チームビルディングは、点で完結するものではなく話し合いやワーク、あるいは実際のプロジェクトを進行しながら徐々に構築させていく過程も全て含む、線の考え方をします。何かひとつのワークを実践したからといって、チームビルディングができるというものではないことは理解しておいてください。

4章ではタックマンモデルが提唱する組織の成長段階について説明しましたが、様々な壁を皆で乗り越えながらチームをつくり上げる意識が大切です。受け身の組織を自走組織にするためにせっかく変わり出したにも関わらず、中途半端なところで中断してしまわないためにも、動き出したチームをしっかりと軌道に乗せ、チームの結束力をさらに強化し結果の出せるチームを作り上げていきましょう。

必ずチームビルディングを先にする

自走組織を維持するには、何か新規のプロジェクトを立ち上げる際に必ずチームビルディングを先に行うことを徹底してください。チームビルディングを行わずにプロジェクトを始動させても、相互理解が及ばず心理的安全性が確保されないため、メンバー同士が本音で意見を交わすことができません。3章でお伝えしたように、従来の仕事の進め方とは根本的に順番が異なることを理解してください。どのような順番で進めるべきかを確認したい場合は、3章をもう一度確認してみましょう。

全員参加を徹底する

チームビルディングは、全員参加が基本です。

自走する組織作りでは、チームのメンバーでさまざまなルールや決め事について話し合い決定していきます。仮にその決定の場に参加できないメンバーがいると、共通認識や共通理解を持てず、目指したい方向とは違う方向性で物事を進めてしまう可能性が出てきます。ですから、リーダーはそのことを特に意識して、1人の離脱者も出さないよう、すべての人に平等にチャンスや発言の機会が訪れるように計らってください。

心理的安全性の確保ができているかを確認する

プロジェクトのリーダーは、チームビルディングを進めている最中あるいはプロジェクトを進めている最中のチームの様子をしっかり観察してください。メンバーの心理的安全性がしっかりと確保され、積極的にチャレンジしたり発言したりしやすい環境が整っているかどうかを常に確認します。

もしも、メンバーの中で悩んでいたり困っている人がいれば、個別に対応し丁寧にヒアリングしてください。また、メンバーの中の特定の人がクレームを起こしてしまった場合などは、個人を名指しで批判するのではなく、全体のミスとして取り扱い、再発防止のため何をすべきかを全員で話し合うようにしてください。

SECTION 02

うまくいかなかったときの対処法

もう一度初心に立ち戻り、確認する

タックマンモデルでは、組織は4つの成長段階を経て変化していくとお伝えしました。この4つの成長段階の中でも、特に困難なのは「混乱期」です。混乱期の乗り越え方についてはすでに説明したため割愛しますが、組織の雰囲気に違和感を感じたら、リーダーであってもなくても、初心に立ち返るようにチームに促してください。

おさらいになりますが、チームビルディングの基本原則は「行動基準の設定」「組織の価値観と文化を作る」「ゴールアライメントを行う」でした。チームがうまく機能していないときは、これらの基本原則から外れたことをしていたり、決めたことを忘れてしまっていることが多い傾向です。本書でお伝えしたクレドカードなどをうまく活用し、毎日の仕事の中でチームで決めたことを思い出す時間を意識的に作るなどして、定着するようにしてください。

原因を探り、改善する仕組みを全員で考える

チームで決めたことを定着させるための方法のひとつがクレドカードですが、他にもさまざまなアイデアがあるはずです。チームで決めたことがなかなか実行できず定着しない場合は、チームでアイデアを出し合い、どうすれば全員が実行できるようになるかを考えてみてください。メンバー同士で異なる意見が出た場合は、しっかりと意見を出し合い第三の意見に導けるようにしていきましょう。

経営者として不安になる時の対処法

社員に任せることに慣れていない場合、組織が急に変わることで不安になることがあるかもしれません。社員がしっかり進められているのだろうかと気になる場合は、社員から報告を受ける期日をあらかじめ決めておくことで不安を解消していきましょう。

「任せた」といいつつ、結局口を出してくる人に対していい印象を抱く人はいません。「自分たちに任せてくれると言ったのに、信用してくれていない！」と、相手の不信感を買ってしまっては元も子もありません。様子が気になってしまう場合は、定期的に進捗報告をしてもらうようにし、気になるところは報告の都度修正するように指示してください。

チームビルディングの成功事例

自走型組織にシフトすることで、諦めていた下請け体質からの脱出に成功した組織の事例

ゼネコンからの下請け業務を長年続けてきたものの、毎年同じことの繰り返しになってしまい業績が上がらず停滞を続けていたというリフォーム・オーダー家具建具製作販売会社。そこでは、長年続いていた下請け業務によって組織全体が下請け体質に染まり、自社の創造性を高めたり、価値を見出したりすることができない状況でした。

社員だけでなく、経営者自身も自社の可能性を見出すことができずにいましたが、コンサルティングや組織分析を通し、経営者としてこれまで気づくことができなかった自社の可能性に気づき、新たな創造性や価値の創出に対し前向きに考えることができるようになりました。下請け体質を改善し経営を改善する必要性は感じていたものの、何から着手すれば組織あるいは会社を変えていけるのかと迷走されていましたが、チームビルディングを行い社員

と共に自らも会社と向き合うことで、自社の可能性を見出し、世の中の動きに適応しながら新たなチャレンジを試みています。

スタッフの考え方が変わり、物事を自分ごとに捉えられるようになった組織。これまで辿りつくことのできなかった成果を達成！

人材の教育や組織の構築といった一般的な課題に直面していたという就労継続支援B型事業所では、コンサルティングを導入し自走組織化することで、組織やスタッフの考え方が変わり、自主的に物事を捉えるようになりました。

それまでは受け身で仕事をしていたスタッフが、自ら率先して様々な取り組みを行うように変わったことで、成果に現れるようになりました。経営者自身や会社単独では達成できない領域に導かれたことで、チームビルディングの重要性を認識。誰もがリーダーになれる環境や仕組みを整え、スタッフが主体になって運営できるように。その結果、経営者が何から何まで指示をしなくてもよくなり、本来やるべき経営の仕事に集中できる時間を増やすことにも成功しました。

自社の可能性を信じることができるようになり、新規事業の創出に積極的になっています。

自分の使命や役割を深く理解することで、接客の質が変わり売上アップ

ある会社の営業チームでは、お客様フォロー業務の内容や営業との違いなどが明確に理解できておらず、仕事をこなすだけの状況になっていました。チームビルディングを行い自分達の使命や役割を認識させることで、接客の質が向上し、お客様の信頼を獲得することができるように。

自分達の仕事をより深く理解し、お客様のタイプ別対応方法を理解したことから、発生するさまざまな課題への対処法が見出せるようになり、以前よりも迅速な対応ができるように変わりました。その結果、お客様からの信頼を獲得しやすくなっただけでなく、自らも積極的に提案や相談ができるようになり、チームとして受注件数が増え、売り上げも向上しました。

経験不足な社員に効果的にリーダーシップを身につけさせることに成功。組織内に心理的安全性を確保する大切さを実感。

チームを急拡大させるにあたってマネジャー育成が問題となっていた組織では、マネジャー経験がない人にチームビルディングに参加してもらうことで、効果的にリーダーシップを身につけられるようになりました。

プロジェクトのチームメンバー全員で価値観を共有したり、ミッション等の方針を決めていくことで、全体の意識の統一が図れただけでなくリーダーとしての自覚が芽生え、誰から何も言われなくてもリーダーとしてどうあるべきかを模索するように変わっていきました。それぞれのリーダーは経験不足もあり、当初は発言にも躊躇する様子が見受けられましたが、心理的安全が確保され、安心して発言してもよいと認識できるようになると、各リーダーが積極的に自身のアイデアを発言し、意見交換が行われるようになりました。

スタッフの考え方が変わり、物事を自分ごとに捉えられるようになった組織。これまで辿りつくことのできなかった成果を達成！

経営者として理想のリーダー像はあるものの、そこへたどり着く手立てや手段がわからないという悩みに加え、経営に集中できないという課題を慢性的に抱えていた会社が、組織の自走化を決断。組織を自走化させるために、これまで取り組んだことのなかったミッションやビジョン、行動指針等の制定を行い仕事に取り入れたところ、社員が自ら会社のあるべき姿を模索しさまざまな施策や取り組みを考えるようになりました。

新事業への人材の配置、既存事業の責任者の配置など、新人を雇用しながら、新事業に取り組まないといけない状況の中、経営者としてありたい姿と実際の姿のギャップに苦しんでおられたことも、すでに過去のこと。社員が主体的に行動できるようになったことで、経営者自身も以前に増して社員のことを信じられるようになり、経営者としての仕事に専念できるようになりました。

SECTION 04

人は使命があれば動き出す

管理組織はもうやめよう

自走型組織の対極は管理組織です。

管理組織とは、経営者がトップダウンで指示命令を下す。または経営者の指示に基づいて幹部が部下に指示命令を下し、部下を管理しながらプロジェクトを進めていくというやり方が主流になる組織です。

部下は自分の意見があったとしても主張することを求められていません。部下に求められているのは、とにかく上からの指示をいかに高いレベルで遂行することであり、プロジェクトの進行を妨げると思われる主体的な行為は求められていないのです。

自走型と管理型の違いとして明確なのは、社員や部下の主体性を求めるかどうかです。自走型であれば、経営者や幹部は必要最小限の指示に留め、多くを語らない方がうまくいきます。なぜなら、社員や部下が主体的に考え行動し、仕事を遂行していくからです。一方管理型では、経営者や幹部は業務の細かいところまで指示命令を行う必要があります。社員や部下は従属的であることを求められるので、言われるまで何もしない受動的になります。

自走型な組織を作れば社員は主体的になり、管理型組織を作れば受動的になると聞き、あることに気がつきハッとされた読者もいるかもしれません。それは何かというと、これまで正しいと思って行ってきた組織づくりが管理型であるにも関わらず、自分が求めていた社員の姿は自走型であるというギャップがあるということです。私のコンサルティングの最中でも、自分が求めていることと実際に行っていたことにギャップがあることを知り、納得される経営者の方は少なくありません。

あなたが、今までのように1人で全てを抱え、社員に「あれをしなさい」「これをしなさい」と指示を出す日々を続けたいのなら構いません。でもそれでは、どれだけ指示を出しても自発的に考えるようにならないので、いつまで経ってもあなたが本来すべき経営だけに集中できる日はなかなか訪れないかもしれません。

自ら考え行動する機会を奪われてしまった社員は、常に「次は何をしたらいいですか」と聞くようになりますし、いくら人手が不足していたとしても給料以上の仕事をやろうとせずにさっさと定時で帰宅することが当たり前になります。あなたには、もうそのような組織は必要ないはずです。

部下は、本当は働きたいと思っている

経営者の中には、部下との間に溝ができてしまい部下の気持ちがわからないとおっしゃる人もいます。経営者から見ると、全体的にやる気がなく、受け身ばかりで過ごしている部下たちですが、彼らは本心ではどのように考えているのでしょうか。ここで少し、これまでの私のコンサルティング経験から得られた、社員たちの現状を説明していきます。

結論からお伝えすると、社員たちは決してやる気がないわけではありません。やる気がなくて仕事をしないのではなく、挑戦したい気持ちはあるけれど挫折し諦めています。挑戦したいのに諦めているとはどういうことでしょうか。ここだけを切り取ると、「挑戦したければ

すればいい」と返したくなるかもしれません。では実際に若手の意見を積極的に受け入れる環境があるかどうかや、若手が安心して意見を言える雰囲気があるかを考えると、現実はそうではないことが多いのです。

若手の働き世代は、子どもの頃からインターネットが当たり前に使える環境の中で育っています。インターネットが日常にしっかりと入り込んだことで、これまでの社会にない新しいサービスがどんどん生み出され、社会が変わっていく様子を肌で感じている世代です。

そんな若手世代の声に耳を傾け、柔軟な発想を取り入れることでイノベーションを起こすことに成功している企業も少なくありません。そのような環境を用意すると、若手社員は自分達が期待されていることに喜びを見出し、果敢に挑戦していきます。ここで、「そんな意欲のある社員がいるのは大手だけだ」と思うかもしれませんが、中小企業の若手社員も例外ではありません。実際に私がコンサルティングを行う中小企業では、若手社員が自発的に自分の意見を言い、率先してプロジェクトを進めています。今見えていないだけで、若手の働き世代の社員たちは、多くのアイデアを持っていることが多いです。アイデアを持ち、挑戦したがっているのが、彼らの本当の姿なのです。

そんな姿がありながら、なぜその想いや力を発揮しようとしないのかと思われるかもしれません。それは、今いる自分の職場では頑張っても実現しないだろう。自分が声を挙げても無理だろう。古い体制だから変わらないだろう。と諦めてしまっているからです。

「このやり方は変えた方がいいと思います」と口にしたところで、「これまでずっとこのやり方でやってきたんだ」「仕事なんだから、ちゃんとやれ」と一蹴されてしまうだろうと思っています。自分が安心して意見を言える環境だと感じていないので、自分の意見や意志を引っ込めてしまうのです。

もしかしたら、それを聞いても「単なる甘えだ」と思いたくなるかもしれません。自分で変えたいと思ったら、努力して周りを変えるべきだ。自分がやりたいことなのだから、ちょっと反対されたからといって落ち込んでいるようではダメだと言いたくなるかもしれません。確かにその考えも一理ありますが、若い働き世代は総じて自信がないのです。経験値の少なさや甘さ、未熟さが残されていることは否めません。ですが、だからといって仕事にやる気がないわけでは決してないのです。そうとわかれば、彼らの感性やヤル気を「甘え」だと一蹴するのではなく、一旦受容し、挑戦するチャンスを与え育てることも大切です。

かつてのように、入社したら一生安泰な世の中ではないのです。そんな不安がある中でも、自社で働きたいといって入社してきた人材です。捉え方によっては、あなたやあなたの会社の考えに共感してくれたのですから、育て方さえ間違えなければ、有望な人材になる可能性を秘めているのです。それは、今現在指示待ち人材になっている人にも同じことが言えます。経営者であるあなたの接し方が変わり、自分自身に期待が向けられていることを感じ取ることができれば、その姿をみて自ら成長のスイッチを入れ始めるのです。

自走型組織をつくれば、可能性が拡がる

経営者が抱えるストレスの9割以上は部下への不満だといわれています。

主体性が低く、責任感がない。
自主性、チャレンジ精神が低く、いわれたことしかやらない。
使命感、モチベーションを感じられない。
実行力が低く決めたことが徹底できていない。

協調性が低く自分のことだけを気にしている。

このような部下への不満を抱えているのは、けしてあなただけではありません。中には、日常的にこういったストレスに晒され、さらにその積み重ねが大きくなり、経営やマネジメントへの意欲が低くなり、自分自身もこれらの部下に同化していってしまっている人もけして少なくありません。

ですがその状態は、会社や組織の存続に大きな影響をもたらします。

部下への不満は、経営者、マネージャーの個人パフォーマンスが高ければ高いほど、このストレスの傾向は強く出るといわれてます。優秀なトップほど、部下が無能に見えてしまうのです。このストレスをなくすには、部下やチームメンバーが圧倒的なパフォーマンスを出すように彼らを導くこと以外に方法はありません。

そしてその方法は、彼らに使命を感じさせることなのです。

自ら使命を感じ、その使命に基づいて活躍したいと思える人を増やすことができれば、たとえ今現在施しようのない状態になっていたとしても、組織を再建できます。

トップであるあなたが、部下やメンバーを心から尊敬できるようになるチームビルディングの方法を学び、導入することで、1日も早くこのストレスから解放されてください。

おわりに

本書を最後までお読みくださりありがとうございます。
自走型組織の作り方について理解していただけたでしょうか。

ジェームス・スキナーから教わったこのチームビルディングのノウハウが優れているのは、関係する一人ひとりがそれぞれの使命を見い出すことができるところです。本書では繰り返しお伝えしてきましたが、人は使命を持つことで内側からやる気が溢れ、自ら率先して動くようになっていきます。これは、数多くのチームビルディングを成功させてきた経験からも、断言できます。

ですから、本書でお伝えしたノウハウを実践していただくことで、あなたの会社の社員や部下もまるで人が変わったように、生き生きと働くようになってくれるはず。すべての社員が使命を感じながら、生き生きと働けるようになれば、会社の雰囲気はガラッと変わるため、売上やお客様からの反応に変化が現れてきます。あなたもぜひ、そのような現実を作り出してください。

もし本書の内容でよくわからないところがあったり、自分だけで取り組むことが不安になったりした場合は、いつでも私がご相談にのり、あなたのビジネスが加速するようお手伝いします。

最後になりましたが、本書を出版するにあたり、大変多くの人にお世話になりました。

まず、出版の機会を与えてくださり、最後まで伴走してくださった株式会社ケイズパートナーズの山田稔氏。そして、出版合宿やセミナー等でご指導くださった株式会社モッティ代表取締役望月高清氏。お二人には、本当に多くのことを教えていただきました。お二人のおかげで、初めての出版を実現させることができたことに大変感謝をしております。

また、私がチームビルディングコンサルタントとして活動するきっかけを与えてくださり、私自身の人生までも大きく変えてくださったジェームス・スキナー氏にも感謝を申し上げます。あなたがいなければ、このチームビルディングの方法を伝えることができなかったと思います。

さらに、7つの習慣アカデミー教会の代表理事　斎東亮完様、理事　原田祥衣様にもお礼を申し上げます。7つの習慣実践会ファシリテーター®養成講座で学んだ内容が、私の人格形成に大きな影響を与えてくれました。

また、本書の内容は、弊社のセミナーを一緒に作ってきたクルー（ボランティアスタッフ）の仲間達と作り上げて来た内容です。今まで一緒に伝説を作ってきた有限会社トゥルーノースの川口徹代表をはじめ、トゥルーノースのスタッフの仲間達、クライアントの皆さま、セミナーに参加してくださった皆さまにも感謝を伝えます。

そして、普段から私の側で支えてくれている妻 典子、モナミ、勇梧、ほのか、慶の4人の子供達もありがとう。私を産み育ててくれた母や父にも改めて感謝を伝えたいと思います。

2023年8月　伊藤じんせい

著者紹介
伊藤 じんせい（いとう じんせい）
チームビルディングコンサルタント
ジェームス・スキナーのセミナーの責任者としてイベントごとに1年に最大7回のセミナースタッフのチームビルディングを実施。
全国7都市でのセミナー講師を務める傍ら、自ら構築した自走するチームを率い、2020年までに1,453人を高額の宿泊型セミナー参加に導くトップセールス。ジェームス・スキナー外部講演会では、プロジェクトリーダーとして、全国5講演を主催者と共に成功に導き、4,051人の参加者に人生を変えるきっかけを提供する。
現在、有限会社トゥルーノースにてチームビルディングコンサルタントとして活動中。コンサルティング実績として、金属加工会社で6ヶ月で売上15％アップ、利益率10％アップ。食品卸売会社6ヶ月で売上4.3倍。木工加工会社を下請け依存体質から脱却させ、6ヶ月で個人向け新事業の売上1,800万円を達成させるなど、数多くの支援実績を持つ。
その他、サハラ砂漠マラソン（250km）・南米アマゾンジャングルマラソン（230km）完走、アフリカ最高峰（標高5,895m）キリマンジャロ登頂などの冒険も行い公私ともにチャレンジを続けている。

◆執筆協力　西田かおり

自分たちで決めて、勝手に動き出す
自走するチームの作り方
もう、管理や指示を手放し、共有して任せちゃおう!

2023年9月28日　初版第一刷発行
2024年9月20日　　　第二刷発行

著　者　伊藤 じんせい
発行者　宮下 晴樹
発　行　つた書房株式会社
〒101-0025　東京都千代田区神田佐久間町3-21-5　ヒガシカンダビル3F
TEL. 03（6868）4254
発　売　株式会社三省堂書店/創英社
〒101-0051　東京都千代田区神田神保町1-1
TEL. 03（3291）2295
印刷／製本　株式会社丸井工文社

ISBN978-4-905084-70-9